新闻发布会集

（2015 年度）

国务院台湾事务办公室

九州出版社 JIUZHOUPRESS | 全国百佳图书出版单位

图书在版编目（CIP）数据

新闻发布会集. 2015 年度／国务院台湾事务办公室
编. --北京：九州出版社，2016.6

ISBN 978 - 7 - 5108 - 4535 - 2

Ⅰ. ①新⋯ Ⅱ. ①国⋯ Ⅲ. ①台湾问题 - 新闻公报 -
汇编 - 2015 Ⅳ. ①D618

中国版本图书馆 CIP 数据核字（2016）第 156794 号

新闻发布会集（2015 年度）

作　　者	国务院台湾事务办公室　编
出版发行	九州出版社
地　　址	北京市西城区阜外大街甲 35 号（100037）
发行电话	(010) 68992190/3/5/6
网　　址	www.jiuzhoupress.com
电子信箱	jiuzhou@ jiuzhoupress.com
印　　刷	北京九州迅驰传媒文化有限公司
开　　本	680 毫米 ×960 毫米　　16 开
印　　张	10.75
字　　数	87 千字
版　　次	2016 年 7 月第 1 版
印　　次	2016 年 7 月第 1 次印刷
书　　号	978 - 7 - 5108 - 4535 - 2
定　　价	33.00 元

目　　录

[发布时间] 2015 年 1 月 14 日
[发 布 人] 马晓光
[发布地点] 国务院台湾事务办公室新闻发布厅

国务院台湾事务办公室
新闻发布会

2015 年 1 月 14 日

1 月 14 日上午 10 时，国台办在新闻发布厅举行例行新闻发布会。发言人马晓光就近期两岸热点问题回答了记者提问。

马晓光：各位上午好，欢迎大家来参加国务院台办 2015 年首次新闻发布会。祝大家在新的一年里身体健康，工作顺利，万事如意。下面我接受大家的提问。

新华社记者：关于国台办和陆委会启动共同研究两岸经济共同发展和区域经济合作相衔接一事，最近有没有新的进展。另外，中国国民党党主席补选将于本周末举行，请问大陆方面对即将上任的国民党主席有没有什么期许？

马晓光：第一个问题，一段时间以来，国台办和陆委会一直就启动共同研究两岸经济共同发展与区域经济合作相衔接事宜的有关准备工作保持着密切沟通，很快会有进一步的消息。

马晓光：第二个问题，2008 年以来，在国共两党和两岸同胞的共同努力下，在反对"台独"、坚持"九二共识"的共同政治基础上，两岸关系开创了和平发展的新局面，为台海地区带来了稳定，为两岸民众谋得了福祉，也得到两岸同胞和国际社会的一致肯定。我们希望，中国国民党新的主席顺利产生以后，双方能够巩固既有的政治基础，保持良性互动，相向而行，继续为推进两岸关系和平发展做出努力。

中国国际广播电台记者：我有两个问题：一是请发言人介绍一下 2014 年两岸经济合作与交流的基本情况和主要特点。另外一个问题是现在有越来越多台湾媒体引进大陆综艺节目版权，也有越来越多台湾艺人和普通百姓走进大陆综艺节目。请问发言人如何评价以综艺节目为平台的两岸热络交流？

马晓光：第一个问题，上次新闻发布会发言人已经向大家介绍了2014年两岸关系的总体情况，在这里我给大家介绍一下2014年两岸经济合作的基本情况和主要特点。

马晓光：去年一年，两岸经济交流合作继续深化，主要体现在以下几点：一是，两岸双向贸易稳定增长。2014年两岸贸易额为1983.1亿美元，较2013年增长0.6%，其中大陆对台出口462.8亿美元，自台进口1520.3亿美元，大陆与台湾贸易逆差达到1057.7亿美元。

马晓光：二是，两岸经济合作惠及民生成效进一步显现。两岸定期客运航班总班次从每周828班增至840班，货运航班总班次从每周68班增至84班，大陆客运航点增加至55个，货运航点增加至10个。两岸海关电子信息交换系统上线运行，两岸货物通关效率大幅提高。两岸贸易人民币结算比例逐步提高，台湾金融机构大陆营业网点继续增加，为两岸企业和民众带来更多便利。

马晓光：三是，两岸产业合作进一步深化。两岸企业家峰会7个产业合作推进小组在各自领域取得积极进展，产业合作试点项目取得新成果。两岸信息产业和技术标准论坛迄今在9个产业领域共达成288项共识，发表31项两岸共通标准。

马晓光：四是，两岸经济合作机制化继续推进。货物贸易、争端解决协议等 ECFA 后续协商持续进行。两会签署了《海峡两岸气象合作协议》《海峡两岸地震监测合作协议》，并且已经开始协商"陆客中转"，沟通进一步便利两岸民众往来的事宜，双方业务主管部门就推动商谈环保合作协议、民用航空飞行标准与适航合作协议达成共识。对两岸同胞关心的食品安全问题，两岸有关方面保持交流沟通。

马晓光：五是，两岸农业合作持续深化。大陆积极发挥市场作用，推出便利通关与检验检疫措施，推动台湾农产品拓展大陆销售渠道和提升贸易便利化程度。

马晓光：新的一年，我们希望两岸经济合作不断扩大与深化，取得更多成果，希望更多两岸同胞成为两岸经济交流合作的参与者、推动者和受益者。

马晓光：第二个问题，我也注意到最近两岸综艺节目交流，对于现代文艺时尚的引领，展现了当代两岸同胞的生活风貌及美学取向。我想，两岸之所以产生这样一种热捧效应，是因为我们都是中华民族，具有共同的思维、共同的文化、共同的审美取向。我们也希望这样的平台能够持续成为两岸同胞，特别是两岸青年人加强沟通、交流、理解和互信的重要渠道。

福建海峡卫视记者：我有两个问题，首先想请问台湾禽流感疫情持续蔓延，对于防控禽流感两岸能不能建立联合防控机制？第二个问题，据台媒报道，蔡英文将重新启动"中国事务委员会"，探讨两岸形势的变化，请问发言人对此有何评论？

马晓光：第一个问题，两岸已经签署了《海峡两岸医药卫生合作协议》，近日双方的工作联系窗口一直就台湾禽流感疫情保持密切联系。据我们从业务主管部门了解，近期大陆没有从台湾进口畜禽类产品。有关方面执行两岸协议，将尽最大努力做好防控管理工作，维护两岸同胞的健康权益。

马晓光：第二个问题，大家都知道，我们对民进党的政策是非常清楚的，我们反对"台独"分裂的立场也是十分明确的。

《经济日报》记者：福建自贸区在去年年底已经宣布启动，2015年对台商会不会有一些投资方面的便利政策？

马晓光：上次新闻发布会发言人已经简要介绍了有关情况，具体情况可以向福建省方面进一步了解。最近国务院下发了通知，要求推广上海自贸区可复制的改革创新成果，这将有助于促进两岸要素有序自由流动、资源高效配置、市场深度融合，为包括台商在内的市场参与者在投资管理、贸易监管、金融创新、事中事后监管等方面带来更多便利、创造更多商机，从而为深化两岸交流合作提供新的机遇。

《中国日报》记者：1月12日，国家民航局宣布将启用新航线，但是台湾相关部门认为，这可能会威胁到台湾的"防空"安全。请问发言人对此有何评论？

马晓光：昨天晚上应台湾记者的询问，国家民航局发言人已就民航局在1月12日发表公告，自今年3月5日起用东南沿海海上飞行航线的有关情况进行了说明。可能有的记者还没有看到，在这里我愿意通报相关内容。民航局发言人应询表示，即将启用的东南沿海海上飞行航线（M503航线），是大陆民航空域管理的一项常规工作，已于2007年与美国等国航空专家合作完成了该航线的设计及评估工作，并经国际民航组织核准。该航线运行精度、安全性及可靠性符合国际规范，空管部门已经制定了相关运行技术措施和应急处置程序。其3条连接线是M503航线连接内地、沿海3个城市进离场航线的必要通道。在实际运行中，空管部门将与相邻管制区加强沟通，充分保障运行安全。遇紧急情况，航空器将控制在航线以西，不会向东偏航。

马晓光：此航线位于上海飞行情报区内，开通后主要用于缓解上海地区及珠三角地区航班快速增长压力，与 A470 航线配对使用，提升飞行安全水平，减少航班延误，保障旅客权益，满足亚太地区航空运输发展需要，符合有关各方整体利益。

马晓光：民航发言人还表示，两岸民航一直保持畅通的联系沟通渠道。此前，根据台湾方面要求，双方已就此航线进行过两轮沟通。在今后的运行中，仍将继续保持良好的沟通协作，共同维护两岸航空运输发展成果。

台湾《旺报》记者：我的两个问题都和新航线有关，第一，民航局强调在紧急情况时会将航空器控制在航线以西，不会向东偏航，这些紧急情况可能包含哪些情况？既然是紧急情况，如何在技术上能够确保航线不会偏航？第二，台湾方面表示无法接受的主要理由是认为，应该先由两岸达成共识，再由大陆方面划设，如果台湾方面无法接受，大陆方面会不会考虑先撤掉航线，等到双方沟通有共识之后再划设？

马晓光：你问的第一个问题涉及到一些非常具体的专业技术，还是请你向航空业务主管部门请教。

马晓光：第二，根据我刚才引述的民航局的有关情况介绍，这个新航线是位于上海飞行情报区内，是大陆民航空域管理的一项常规工作，而且它的开通也确实是大陆经济发展、民航事业发展所必需的。从专业的角度，从经济的角度，如果大家设身处地地思考，应该是可以理解的。所以，我们也希望台湾社会多一份理解，少一份疑虑。至于说双方能不能继续沟通，刚才有关说明中已经讲清楚了，双方已经进行过两轮沟通，在今后运行中，还将保持沟通。

福建《海峡导报》记者：两岸两会领导人去年有一次正式商谈，请问 2015 年两岸两会协商是否还会签署新的协议？

马晓光：去年 2 月，两会第十次会谈规划了若干双方下轮协商的议题，据我了解，这些议题的商谈都在持续进行之中。至于今年两会领导人举行会谈的具体时间、地点和相关安排，应该是根据这些议题的业务协商进展，由两会协商确定。可以乐观地预期，应该可以签署新的协议。

中央电视台《海峡两岸》记者：您刚才提到近年来两岸产业合作取得了不少成果，请您介绍一下，今年对于两岸产业搭桥有哪些规划？

马晓光：2008 年以来，由两岸相关行业协会举办、企业广泛参与的搭桥会议，为推进两岸产业合作发挥了积极作用。在新的一年里，双方已经商定在通讯、显示、车辆、LED、可再生能源、生技医药、展览服务、电子商务等产业领域举办搭桥会议，推进并扩大两岸产业的交流与合作。

香港中评社记者：今年1月1日"台湾驻美经济文化代表处"举行升旗仪式，发言人对此有何评论？

马晓光：外交部已就此表态。国台办也向台湾方面表明了立场和态度。我们坚决反对任何违反一个中国原则的言行。

中新社记者：2014年两岸人员往来持续热络，请您介绍一下2014年两岸人员往来与交流的基本情况。

马晓光：总体上讲，去年两岸人员往来和各项交流势头良好，两岸大交流的局面持续巩固和发展。主要体现在三个方面：

马晓光：一是，两岸人员往来规模持续扩大。全年两岸人员往来总量941.1万人次，同比增加16.52%，再创历史新高。其中，台湾居民来大陆536.6万人次，大陆居民赴台404.6万人次。大陆居民赴台旅游达到322万人次，同比增加47%。

马晓光：二是，两岸青年和基层民众交流平台不断增多。两岸青年交流蓬勃开展，校际及学生交流扩大深化。第六届海峡论坛着力打造了两岸社区治理论坛、两岸青少年新媒体文创论坛、两岸同名村活动等一系列两岸基层民众交流平台，受到广泛欢迎。

马晓光：三是，大陆有关方面进一步为两岸人员往来和交流提供便利。增设 5 个口岸台胞签注点，累计已达 41 个。新增开放 10 个赴台个人游城市，累计已达 36 个。

马晓光：新的一年，我们将继续扩大深化两岸各领域交流，特别是加强两岸社会各界、各阶层民众沟通交流，继续为台湾青年来大陆就学、就业、创业提供帮助。增进相互理解信任，采取更具针对性的政策措施，让更多台湾基层民众分享两岸关系和平发展成果，为拉近两岸同胞心理距离而继续努力。

台湾"中央社"记者：两岸两会去年在北京有针对"陆客中转"议题进行过第一次工作会谈，海基会方面讲希望大陆方面尽快提出可行方案。请问何时可以提出？针对大陆新航线，请发言人谈一下是不是会对"陆客中转"议题有影响？

马晓光：第一个问题，大陆居民经台湾中转以及进一步便利两岸同胞往来的沟通，两会已经举行了第一次工作性商谈，在商谈中大家充分交换了意见，各自提出了考虑。据了解，目前双方保持联系，以便适时进行第二次工作性商谈。

马晓光：第二个问题，公布即将启用 M503 航线跟商谈陆客中转和进一步便利两岸同胞往来，是两个没有联系的议题，不应该相互影响。

台湾 TVBS 记者：之前美国纽约大学政治系教授熊玠接受媒体专访，谈到大陆的对台政策需要转变思路，不能盲目地让利，不然会让民进党认为可以通过反大陆得到更多好处，发言人对这样的看法有什么评价？

马晓光：对于一些学者对两岸关系发表的各种各样的观点，我们一般不做评论。但是我想，脱开他的个人观点来讲，这么多年来，特别是 2008 年以来，两岸关系和平发展局面的开创，当然有两岸双方和国共两党的努力，有两岸同胞共同的努力，更离不开双方实行的改善和发展两岸关系的积极政策，所以从两岸关系和平发展成果来讲，大陆的政策措施是有效的，为什么要改变呢？第二，上次发布会上已经专门就两岸关系和平发展的红利问题做过专门的阐述，大陆奉行和平发展的方针政策，实施惠及两岸同胞的政策措施，不能简单地用"让利"两个字来概括。我们为什么这么做？因为两岸同胞是兄弟，我们是本着"两岸一家亲"的理念，实实在在地实行这样的政策。我想，这种政策大家看得见、摸得着，有谁想利用也不一定能利用得了。

《团结报》记者：最近台湾军方推出一个月历，首度将八路军抗战将领左权列入月历当中，请问您怎么评价？

马晓光：今年是中国人民抗日战争暨世界反法西斯战争胜利70周年。70年前那场惨烈的浴血奋战是全民族的抗战，全体中华儿女在民族危亡的紧要关头团结起来，共御外侮，才取得了那场全民族抗战的胜利。今天，两岸之间以各种方式来举办纪念活动，有助于增进两岸同胞共同的历史认知。可能大家也都注意到了，此前在民政部公布的抗日英烈的名单里，也有不少是国民党将领。我们要牢记历史，更要珍惜两岸关系和平发展的良好局面，为实现中华民族伟大复兴团结奋斗。

《团结报》记者：关于国民党主席补选的问题，1月17日国民党即将补选出新任党主席，届时中共中央习近平总书记是否会依例向新当选的国民党主席发出贺电？

马晓光：2008年以来国共两党及领导人之间保持了良性互动，形成了一些积极有益的做法。这种好的做法当然应该继续保持。

马晓光：新闻发布会到此结束，谢谢大家光临。

[发布时间] 2015 年 1 月 28 日
[发 布 人] 马晓光
[发布地点] 国务院台湾事务办公室新闻发布厅

国务院台湾事务办公室
新闻发布会

2015 年 1 月 28 日

1 月 28 日上午 10 时，国台办在新闻发布厅举行例行新闻发布会。发言人马晓光就近期两岸热点问题回答了记者提问。

中央电视台《海峡两岸》记者：关于张志军主任即将赴金门参访，请问发言人具体时间以及相关安排确定了吗？

马晓光：应台湾方面陆委会主委王郁琦的邀请，国台办主任张志军将于 2 月 7 日至 8 日赴金门参访。双方将举行两岸事务主管部门负责人工作会面，就今年两岸关系形势及有关问题交换意见，包括进一步讨论和推动与金门相关的民生议题。在金门参访期间，张主任还将与金门县长陈福海先生会面、与金门各界代表座谈、走访基层民众，了解金门乡亲的生活情况，听取金门各界对两岸交流合作的意见和建议。

《环球时报》、环球网记者：民进党日前重启所谓"中国事务委员会"，蔡英文提出推动两岸关系的"三个坚持"和"三个有利"，请问发言人对此有何评论？

马晓光：我们多次讲过，我们对民进党的政策是一贯的、明确的，坚决反对"台独"的立场是坚定不移的。2008年以来，两岸关系和平发展的一系列成果，是在坚持"九二共识"、反对"台独"的基础上取得的。两岸关系稳定发展之锚是"九二共识"，这是问题的关键所在。民进党只有顺应历史潮流和民意，放弃"台独"主张，才能在两岸关系上找到出路。

台湾"中央社"记者：请问两岸就 M503 航线的再次协商是否已经开始了？情况怎么样？

马晓光：1月16日，大陆方面已经通过民航"小两会"渠道向台湾方面发出邀请，希望两岸空管部门就 M503 航线使用中的技术性问题进一步沟通。这种沟通应该有利于台湾方面客观地、实事求是地全面了解大陆开辟这条新航线的情况。具体磋商情况目前我不掌握，有消息会及时向大家披露。

福建海峡卫视记者：近日，国台办主任张志军在福建平潭出席了两岸农渔业座谈会，请发言人介绍一下取得了哪些成果？

马晓光：张志军主任1月20日在福建平潭综合实验区认真听取了台湾农渔民对两岸农渔业交流合作的意见和建议。相关的情况两岸媒体都有大篇幅的报道，感谢大家对这场活动的热情参与。我想强调的是，国台办高度重视台湾农渔民乡亲提出的这些意见和建议，将积极协调有关部门，研究解决台湾农渔民关心的实际问题，为扩大两岸农渔业交流合作创造有利条件。当然，我们也希望台湾方面能够采取具体行动，与我们相向而行，共同努力，推动两岸农渔业交流合作更好地开展，给台湾农渔民兄弟带来更多的便利和福祉。

新华社记者：我们了解到台湾的农渔民代表提出了一系列建议，其中包括简化台湾的农渔产品赴大陆检疫的程序，请问国台办对此持什么样的态度？

马晓光：毫无疑问，我们这些年来一直在努力为台湾农渔产品进口大陆提供各种各样的便利，包括检验检疫和通关入境方面的便利。两岸有关部门在两会协议的框架下也多次就这些问题进行探讨。坦率地讲，有些问题大陆方面要继续努力，有些问题则是台湾方面政策规定带来的限制，所以我刚才强调，我们双方都要采取具体的行动，相向而行，为台湾农渔民兄弟能够更好、更快地将农渔产品销往大陆创造良好的政策环境和条件，从而增加他们的福祉。

台湾《旺报》记者：第一个问题，今年是对日抗战胜利70周年，大陆会举办阅兵活动。请问大陆是不是会邀请国民党抗战老兵、民间人士，甚至邀请国民党主席朱立伦参加这样的活动？第二个问题，朱立伦在当选国民党主席之后给习近平总书记的复电里面提到"要努力拉近两岸彼此间的心理距离"。习总书记去年9月底在会见台湾统派人士的时候也提到，要促进两岸民众的心灵契合，请发言人谈一下您认为新的一年如何克服两岸心理距离的问题，挑战和困难在哪里？

马晓光：第一个问题，今年是中国人民抗日战争暨世界反法西斯战争胜利70周年。大陆方面将举行盛大的纪念和庆祝活动。至于这些纪念和庆祝活动的具体时间、方式，包括邀请人员范围，目前我还没有具体消息向大家发布。

马晓光：第二个问题，国共两党及领导人之间这些年来保持着良好的互动，在反对"台独"、坚持"九二共识"的共同基础上推动两岸关系和平发展，这种良好的互动应该保持下去。在习近平总书记和朱立伦主席互致贺电中，我认为有三个非常值得重视的共同点：第一，双方都高度评价2008年以来两岸关系和平发展开创的良好局面，都认为两岸同胞获益良多。第二，双方都表达了要巩固"九二共识"的共同政治基础。第三，双方也都满怀信心，希望能够继续为推进两岸关系和平发展、造福两岸民众做出更大的努力。

马晓光：至于增进两岸同胞的相互了解，拉近两岸同胞的心理距离，实现两岸同胞的心灵契合，这是大陆一直以来的政策努力方向。为此，我们也在两岸各领域交流中采取了相关的措施。当然，由于双方隔绝这么多年，有隔阂、有误解是难免的。我想这还需要一个比较长的过程，需要时间。但是我们相信，两岸同胞是兄弟姐妹，没有解不开的心结，只要我们加强沟通，相互理解，实现心灵契合的那一天不是遥不可及的。

香港中评社记者：有两个问题：第一个问题延续刚才张主任访平潭，国台办将积极协调有关部门解决台湾农渔民关心的实际问题。请问发言人，这些实际问题具体指什么？是否已经着手解决？第二个问题是国台办与陆委会已于近日在京启动共同研究两岸经济合作与区域经济相衔接的准备工作，请发言人予以证实并介绍相关进展。

马晓光：两岸农渔业座谈会是开放的，有关意见和建议，两岸媒体都做了广泛报道。包括台湾农渔产品怎么在检疫检验和通关上更加便利的问题，怎样减免税费的问题，怎样保证进口产品安全问题，怎样进一步发挥市场的机制，扩大农渔产品进口的问题。有些问题实际上国台办一直以来都在积极推动，相关措施需要进一步完善。有些问题当然需要协调有关部门积极推动，这都需要一个过程。所以张主任表示，伴随着两岸关系的不断发展，台湾农渔民关心的实际问题终能找到解决的办法。

马晓光：第二个问题，我们已经发布过消息，国台办和陆委会有关负责人近日已经就启动共同研究的准备工作进行了沟通，双方就启动共同研究的目标、原则、议题、步骤等交换了意见。

福建厦门卫视记者：最近台湾有关部门表示，希望再增加开放 10 个大陆城市赴台个人游，请问大陆方面对此是怎样考虑的？

马晓光：大陆居民赴台旅游从 2008 年开放以来，增进了两岸民众往来和相互了解，也促进了台湾经济和民众收入的增长，得到了两岸民众的普遍认可。我们注意到台湾业界希望进一步增加大陆赴台个人游城市的要求，会予以研究。凡是有利于两岸交流合作，有利于两岸同胞利益福祉的事情，我们都会积极推动。

《人民政协报·两岸经合周刊》记者：两岸经合会第七次例会近日将举行，请发言人介绍相关的情况。

马晓光：根据《海峡两岸经济合作框架协议》（EC-FA）第十一条规定，经过海协会和台湾海基会商定，两岸经济合作委员会（经合会）定于1月29日在台北举行第七次例会。经合会大陆方面召集人、海协会常务副会长郑立中先生和首席代表、商务部副部长高燕女士将率大陆方面经合会代表出席例会。本次经合会例会将回顾框架协议生效以来的执行情况，包括框架协议早期收获计划实施情况，货物贸易、服务贸易、投资、争端解决、产业合作、海关合作6个工作小组的工作进展情况，以及经贸社团互设机构的情况，讨论后续协议的商谈进程。同时，双方还将就进一步扩大和深化两岸经济合作，就各自经济发展形势以及经济政策等有关问题来交换意见，对下一阶段工作做出安排。

台湾三立电视台记者：我想请教台湾的油品安全风

暴发生之后，有 235 家食品厂商被禁止进口到大陆，至今已经 4 个多月了，台湾方面希望在农历年前解禁，是否有这个可能性？

马晓光：1 月 23 日两岸食品安全业务主管部门专家在两会的安排下，在北京召开了两岸食品安全交流会议。在这个会议上，双方商定要进一步研究、协商完善重大食品安全事件的信息通报和后续处理机制，加强两岸食品安全标准技术交流，鼓励创建多种形式平台，并且就台湾近期发生油品安全事件后续处理机制达成了共识。据了解，台湾油品安全事件发生后，大陆有关部门根据台湾方面公开公布的信息和资料，暂停进口台湾部分产品，这是为了维护两岸同胞健康权益而采取的必要的预防性措施。人同此心，如果换位思考，我想大家都能够理解。在台湾方面向我们提供新的评估材料后，大陆有关部门会积极妥善解决后续问题。

《经济日报》记者：近期台湾经济部门公布了一组数据，2014 年台湾方面批准的陆资赴台的项目数是同比下降的，外界都认为这与两岸服贸协议搁置有关系，请问发言人在服贸搁置的情况下，今年两岸是否会有这方面推动性的磋商？

马晓光：我此前已经讲过，两岸的贸易投资在经过高速发展之后进入了新常态，同时，陆资赴台比例的下降应该说也和服贸协议延缓有一定关联。长期以来我们一直鼓励大陆有条件、有能力的陆资企业到台湾投资，可以为台湾增加税收、带动就业，使两岸的经济交流和合作形成一种良性循环，互利互惠。我们希望台湾方面进一步减少对陆资投资的相关限制，为两岸经济合作进一步扩大和深化，共同做出新的努力。

台湾《中国时报》记者：请发言人介绍一下近期国共论坛的筹备状况？是否有可能在农历春节前举办？会邀请国民党新任主席朱立伦赴大陆吗？

马晓光：一直以来大家都很关注这个问题，我也多次做过回应。我们认为，多年来，两岸经贸文化论坛不仅为促进国共两党关系和两岸关系发展发挥了重要作用，而且也广泛吸收了两岸各界人士参加，增进了两岸同胞的沟通了解，推动了两岸的交流合作，论坛期间出台了100多项共同建议，这些建议大多数都得到了落实。这样一个好的交流平台，当然应该继续办下去。为此，国共两党有关方面也一直保持着沟通，有具体消息，我们会及时向大家发布。

台湾 TVBS 记者：在今年的对台工作会议上特别提到要积极推进两岸经济合作框架协议后续议题的协商，

有没有具体的时间表？关于要惠及更多的民众，就是让台湾民众有感，这部分将怎么做？

马晓光：ECFA 后续协商成果达成之后，可以进一步惠及台湾民众，可以有效地让更多台湾民众有感。更多的台湾产品通过降税和零关税进入大陆，更多的台湾中小企业、服务业到大陆来发展壮大，怎么会没有感觉？有感是毫无疑问的。我们积极推动 ECFA 后续协商的态度和政策是非常明确的，当然希望能够尽早达成协议，但是坦率地讲，这也取决于台湾社会。

台湾《联合报》记者：我们开心地看到 2 月 7 日至 8 日，张志军主任和王郁琦主委将在金门会面，我想问的是双方为什么会选在金门这个地点？

马晓光：去年 11 月张志军主任和王郁琦主委在北京会面期间，就两岸关系形势和相关问题交换了意见，其中也包括推动围绕金门民生的相关工作，这是这次"张王会"在金门举行的一个很重要的考虑。我们认为，张主任此次到金门访问，将围绕"稳定、发展、民生"6个字来作为主轴。相信通过两岸事务主管部门负责人务实坦诚的沟通，通过和金门各界民众真诚的互动，一定能够为继续推进两岸关系向前发展提供助力。

新华社记者：我想问一个比较轻松温馨的话题，是关于两岸婚姻的。说到两岸婚姻一般会提到一个名词叫"大陆新娘"，但是近年来"大陆新郎"的人数也越来越多，最近台湾的民政部门公布了一个数据，在2014年两岸新婚家庭当中，有720多对是台湾的女孩子嫁给了大陆的男孩子，"大陆新郎"成为媒体报道的新名词，请问发言人怎么看？

马晓光：我想这个情况反映了两岸民众交往和两岸婚姻发展的提升和进步。大家可能也知道，早期的两岸婚姻多半是单向的，而且很多是为了生计。随着这些年两岸交流的扩大和深化，随着大陆经济发展、社会进步和生活水平的提高，今天的两岸婚姻是基于爱情基础之上的、充满了特殊韵味的爱。我们希望两岸青年人在交流、创业、求学中进行更加广泛的接触和了解，不一定都能喜结连理，但是完全可以结成朋友般的友谊。

马晓光：今天的发布会到此结束，谢谢大家。

[发布时间] 2015 年 2 月 11 日
[发 布 人] 马晓光
[发布地点] 国务院台湾事务办公室新闻发布厅

国务院台湾事务办公室
新闻发布会

2015 年 2 月 11 日

2 月 11 日上午 10 时，国台办在新闻发布厅举行例行新闻发布会。发言人马晓光首先通报了台湾复兴航空客机空难后续处理，国台办、海协会领导春节前夕分赴多地走访、慰问台胞的有关情况，然后就近期两岸热点问题回答了记者提问。

马晓光： 各位媒体朋友，大家上午好。首先，先向大家通报两则信息。一是，关于处理台湾复兴航空公司客机空难的工作情况。

2 月 4 日，台湾复兴航空公司客机发生空难事故，罹耗传来，两岸同胞深感震惊与悲痛。截至目前，这起空难已造成两岸同胞 40 人罹难、15 人受伤、3 人失踪，其中大陆游客 26 人罹难、3 人受伤、2 人失踪。我们对罹难同胞表示深切哀悼，对受伤人员及罹难者家属表示诚挚慰问。

事故发生后，习近平总书记迅速做出重要指示，要求尽快准确掌握相关情况，积极协助开展伤员救治，做好家属安抚、善后处理等工作。李克强总理也就救援工作做出批示。

国台办、海协会、交通运输部、民航局、旅游局，还有福建省和厦门市都立即启动突发事件应急处置机制，全力做好信息通报、家属安抚等善后工作。连日来，国台办、海协会一直与台湾陆委会、海基会保持密切联系，了解事故情况及搜救进展，为大陆游客家属尽快顺利赴台提供便利，妥善处理善后。海协会、海旅会、福建省、厦门市相继派遣工作组赴台，现场了解救援情况，慰问伤员、安抚大陆罹难者家属、协助罹难者遗体处置和理赔等善后事宜。经海协会与台湾海基会联系，3 名大陆民航事故调查专家于 2 月 8 日抵台，参与事故原因调查工作。

目前失踪者的搜寻还在继续，3 名受伤的大陆游客中 1 人已经出院。在台湾为罹难者举行了法会和祭奠仪式，遗体按照家属意愿在陆续处理。理赔沟通、说明工作等程序已经启动，事故原因正在调查分析。我们将继续与台湾有关方面保持密切沟通，协助妥善做好相关后续工作。

二是，春节前夕，国台办、海协会负责人将分 6 路赴 11 个省市慰问台商、台生、大陆配偶等台胞群体，了解他们在大陆生产、经营、就学、就业以及生活等各方面情况，听取他们对两岸交流合作和两岸关系改善发展的意见和建议。

下面，我接受大家的提问。

新华社记者：台湾陆委会方面表示，原定于 2 月 7 日和 8 日在金门举行的"张王会"延期，除了因为发生复兴空难之外，主要原因还在于 M503 航线两岸双方没有谈拢，请发言人介绍一下是否真的是这样？

马晓光：复兴航空公司发生客机坠河的空难事故以后，造成了包括大陆游客、金门乡亲在内的两岸同胞重大伤亡。人命关天，在这种情况下，全力组织救援、集中精力善后，是双方两岸事务主管部门的第一要务。尽管张志军主任赴金门参访相关准备工作已经基本就绪，我们还是与陆委会商定，推迟参访活动，一切以救援善后工作为重。这样的做法体现了我们以民为本的执政理念，也符合人之常情。

福建海峡卫视记者：台湾陆委会主委王郁琦昨日突然请辞，想请问国台办对此有何评论，另外，原定 2 月初举行的"张王会"现在已经确定无法举行了，是否会对两岸关系产生新的变数？

马晓光：我们注意到了有关报道。对台湾有关方面的人事变动，我们不做评论。去年以来，在坚持"九二共识"的基础上，国台办与台湾陆委会建立了常态化的联系沟通工作机制，两岸事务主管部门首长互访并多次举行会面，就两岸关系形势和两岸关系中的若干重要问题交换意见，这是两岸交往取得的新进展，为维护两岸关系和平发展大局稳定，保持两岸关系和平发展的正确方向发挥了积极的作用，也受到两岸同胞和国际社会的一致肯定。我们认为，人事的变动不应该影响到机制的运作。我们希望有关机制继续为推动两岸关系发展发挥积极作用。关于张主任访问金门事宜，我们希望双方能够继续保持沟通。

中央电视台《海峡两岸》记者：复兴空难之后，有人担心会不会影响到今年春节两岸加班机的计划，请发言人介绍相关情况和目前核准的情况。

马晓光：经民航"小两会"协商确认，两岸航空公司可于 2 月 5 日至 3 月 5 日期间安排春节加班机，加班总量不予限制。目前，这个规划没有任何改变。据我了解的情况，截至 2 月 9 日，大陆民航主管部门已经核复两岸航空公司提出的加班申请共 593 班，其中大陆航空公司 493 班，台湾航空公司 100 班。

中国国际广播电台记者：据悉，台湾方面已经核准了海峡两岸经贸交流协会在台设立办事处的申请，请发言人予以证实。此外请您介绍一下目前两岸经贸团体互设办事处的最新进展情况。

马晓光：根据 ECFA 的有关规定，双方积极推动两岸经贸团体互设办事机构。首批大陆机电产品进出口商会已经在台北设立了办事处，台湾贸易中心也在上海、北京等 6 个城市设立了 6 家代表处。作为第二批，台湾区电机电子工业同业工会苏州（昆山）代表处于 2014 年 7 月正式挂牌，东莞代表处也正在加紧办理审批手续，同时，海峡两岸经贸交流协会在台设立办事处，也于今年 1 月 23 日获得核准，我们预祝这两家机构今年顺利完成挂牌，开始运作，为促进两岸经贸合作发挥应有的作用。

福建厦门卫视记者：福建自由贸易试验区建设座谈

会日前在福建举行，请您介绍一下座谈会的相关情况以及座谈会取得的成果。

马晓光：2014 年 12 月，国务院批准在福建设立自由贸易试验区。目前，有关部门正在深入研究福建自贸试验区的具体方案和政策措施。为了进一步发挥福建在两岸经济合作中的特殊优势和作用，为了使福建自贸试验区的相关政策能够在充分了解台湾同胞意愿的基础上制定得更加务实、更加具有针对性，福建省在 2 月 3 日召开了福建自由贸易示范区建设座谈会，邀请了包括金融、航运、商贸、旅游、文创、医疗、会计、建筑、出版等 20 个界别的台湾业者和专家学者来参加。在座谈会上，台湾的与会人士在扩大台商投资、提高通关效率、便利台胞往来、深化产业对接等方面提出了一系列有针对性和建设性的意见建议。我们认为，这样的座谈和交流有助于了解台湾业界的利益关切，有利于台湾同胞未来更好地共享福建发展机遇。

香港中评社记者：台湾复兴航空失事以后有消息称，大陆的航空公司待遇好、环境好，因此很多台湾航空公司的机师被大陆挖角，这成为台湾航空业的关切。请问国台办是否会会同相关部门出台规定，考虑限制大陆聘任台湾的飞行员？

马晓光：我们注意到台湾个别媒体有这样的说法，我们认为，这种说法是不负责任的，也是推卸责任的。据了解，近年来，应台湾方面的要求，根据台湾飞行员本人的意愿，大陆经营两岸航线的航空公司有限地招聘了一些台湾飞行员。同时，日本、韩国、越南，甚至中东的航空公司也都有聘任台湾的飞行员。两岸各类专业技术人员的流动，符合市场规律和个人的选择，应该以正常的、平常的心态来看待。

台湾《旺报》记者：这一段时间以来两岸有针对新航线展开沟通，不过目前还没有共识。两岸双方是否会持续就新航线进行沟通？大陆预定 3 月 5 日启用新航线是不是还有收回的可能？如果新航线的沟通没有共识，是否会影响到下一次两岸事务首长会谈的安排？

马晓光：我们对有关问题已经做过多次完整的说明。大陆方面已经通过民航"小两会"渠道与台湾方面就此问题进行过多次的沟通和说明，并且释出了很多善意，其中包括航空器采取向西偏置的运行措施。另外，在此我想再强调几点。M503 航线是设在上海飞行情报区内，而不是设在台北飞行情报区内，并且已经得到了国际民航组织的核准。这个航线距台北飞行情报区有足够的安全距离，也不会影响到该区域空域的使用现状。大陆为了确保飞行安全，已经制定了相关运行技术措施和应急处置程序，两岸的空管部门之间也有着密切的沟通与合作。所以，台湾方面存在的一些疑虑，我认为是可以化解的。

另外，我们也多次强调，M503新航线的启用是为了适应大陆经济社会发展之后航路十分繁忙拥堵、应尽快进行必要分流的需求，因此新航线的开通是必要的，也是十分迫切的。所以，我们还是希望通过双方的沟通，台湾方面能够更加充分了解大陆开通新航线的有关情况，客观看待，并且能够利用该航线便利两岸人员往来，促进两岸民航事业的发展。

《人民政协报·两岸经合周刊》记者： 据台湾媒体报道，原定在金门举行的第三次"张王会"议题包括金门从大陆引水，请介绍一下金门从大陆引水项目目前的情况。

马晓光： 大陆非常关心金门缺水问题，一直在积极推动福建向金门供水项目。2013年6月，海协会和海基会在第九次会谈中达成了有关解决金门用水问题的共同意见。此后，福建省有关单位已经多次与台湾方面举行了沟通。希望两岸有关单位继续共同努力，争取尽早签署供水合同，启动工程的施工建设，早日缓解金门的缺水问题。

《新京报》记者：今天下午复兴航空将就空难事故召开理赔说明会，我想问一下台办方面将为大陆罹难者家属就理赔问题提供怎样的帮助？第二个问题是请问发言人，王郁琦的辞职是否会对两会互设办事机构造成一定的影响？

马晓光：先回答第二个问题，两岸之间在推动解决的各项议题商谈，目前都在持续进行中，包括两会互设办事机构的商谈。第一个问题，在理赔原则问题上，经过我们反映大陆家属的意愿，经过双方协调，台湾方面已经做出了同机同赔的原则性决定。至于具体的后续事宜，我们会继续反映大陆家属合理的意愿和诉求，协助台湾方面共同做好理赔后续工作。

福建《海峡导报》记者：两岸经合会日前顺利举行，并首次增设两岸中小企业合作工作小组，请问发言人，此举在今后两岸中小企业合作方面将发挥哪些作用？

马晓光：两岸经合会及其下设工作小组是在两会框架下受权的机构，根据 ECFA 协议来推动两岸各领域的经济合作。这次例会首次将中小企业合作工作小组设置在经合会之下，通过两岸有关方面的沟通磋商，一定会对两岸中小企业合作产生积极影响，发挥应有的作用。

《台声》杂志记者：请问发言人，在台湾地方"九合一"选举之后大陆还会保持高层人员赴台交流吗？今年会有哪些省区市领导赴台交流？

马晓光：我们推进两岸关系和平发展的方针政策不会改变，仍然会继续采取各项措施来推进两岸各层级人员和各个领域的交流往来与合作。

台湾《联合报》记者：去年两岸形势发生了很大的变化，尤其是"九合一"选举之后，请发言人展望一下2015年两岸关系，大陆有何期待？

马晓光：我们推进两岸关系和平发展的方针政策不会改变，同时我们也在高度关注台湾政局发生的一系列新变化和新情况。我们认为，两岸关系和平发展为两岸同胞带来了和平的红利，带来了切身的经济利益，依然是两岸民众的主流民意，因此我们有信心，也有决心，继续克难前行，持续推进两岸关系和平发展，以更多的成果造福两岸同胞。

台湾"中央社"记者：请问对于柯文哲上任以来对两岸关系的言行，不知道国台办有没有什么样的评论？

马晓光：在事关两岸关系和平发展基础和两岸关系定位问题上，一段时间以来，我们已经多次表明了立场和态度。对于台湾个别政治人物的一些说法，我在此不做逐一回应。

中国国际广播电台记者：从 2008 年台湾开放大陆游客赴台游以来，这些年旅游安全事件时有发生，请问发言人，国台办方面是否会敦促台湾有关方面全面提升旅游安全环境。

马晓光：这些年来，大陆居民赴台旅游保持着积极有序健康的总体发展态势，当然，在此过程中也发生过一些安全事件，甚至是重大的安全事件。依据《海峡两岸关于大陆居民赴台湾旅游协议》以及相关的补充修正条款，两岸旅游主管部门已经通过旅游"小两会"建立了联系工作机制，我们会通过这一机制要求台湾方面在大陆游客赴台旅游的相关安全问题上进一步采取措施，予以改进。

台湾 TVBS 记者：去年台湾的"反服贸"活动对两岸关系有一定的影响，最近经台湾检方调查，包括林飞帆和陈为廷都被起诉，请问国台办有什么看法？

马晓光：对台湾内部发生的事，我们不予置评。

各位朋友，万马奔腾辞旧岁，三羊开泰迎春来。在乙未新春佳节即将到来之际，恭祝在座各位记者朋友和大家所代表的媒体以及背后的受众，喜气洋洋、洋洋得意。发布会到此结束，谢谢。

［**发布时间**］2015 年 3 月 11 日

［**发 布 人**］范丽青

［**发布地点**］国务院台湾事务办公室新闻发布厅

国务院台湾事务办公室

新闻发布会

2015 年 3 月 11 日

3 月 11 日上午 10 时，国台办在新闻发布厅举行例行新闻发布会。发言人范丽青就近期两岸热点问题回答了记者提问。

中央电视台《海峡两岸》记者：我们注意到，春节前夕，国台办和海协会的领导分别走访了台胞和台商，听取了他们的意见和建议，您可不可以介绍一下这次走访的情况？

范丽青：今年春节，也就是羊年春节的前夕，中共中央台办、国务院台办张志军主任、海协会陈德铭会长等领导分别率台办和海协会工作组赴华东、华北、华南、华中、西南地区共 11 个省（市）走访慰问了 42 家台企和多所学校，召开 23 场座谈会，与近 450 位台商、台生、台胞大陆配偶进行了面对面的交流，在送上新年祝福和问候的同时，详细了解台资企业生产经营和台胞生活情况，遇到的困难问题，听取台商、台胞对发展两岸关系的愿望和建议。

范丽青：从了解的总体情况看，各地台商、台胞在各级政府和有关部门的关心、支持与协助下，在大陆创业、工作、学习、生活安定顺利。在当前经济下行压力较大的形势下，广大台商仍对企业在大陆发展和升级转型具有信心。部分台商、台胞也提出了在大陆经营企业以及学习、生活中遇到的一些具体问题，我们对此高度重视，正积极研究，争取逐步解决。

台湾中天电视台记者：习近平总书记 3 月 4 日讲话强调"九二共识"是两岸双方交往的基础，民进党对此回应提出"三个有利、三个坚持"，大陆方面对此有何评论？现在很多台商担心 62 号文，有台湾六大工商团体提出陈情，希望 62 号文有关清理投资税收优惠政策不要溯及既往，大陆方面对此有何回应？

范丽青：2008 年以来，两岸关系之所以走上和平发展道路并取得一系列重要成果，最重要的原因是两岸双方均坚持"九二共识"、反对"台独"的共同政治基础，这一基础的核心是认同大陆和台湾同属一个中国。只要认同这一点，台湾任何政党和团体同大陆交往都不会存在障碍。

范丽青：第二个问题。大陆近期出台有关文件，要求清理有关投资税收等优惠政策，这是大陆深化改革、优化投资环境、完善投资政策的一项举措，不是针对台商的。我们将继续努力为台资企业创造更加公平的竞争环境，一如既往地依法保护台商的合法权益。

新华社记者：习总书记在3月4日就两岸关系发表了重要讲话，请问发言人，这个讲话当中包含了哪些重要的政策信息，对于推动两岸关系发展有什么样的指导意义？

范丽青：3月4日下午，中共中央总书记、国家主席、中央军委主席习近平在看望参加全国政协十二届三次会议的民革、台盟、台联委员并参加联组会时，就两岸关系发表重要讲话，提出了四个坚定不移，受到两岸各界广泛关注，产生积极反响。其中包含的主要精神是：

第一，强调坚定不移走两岸关系和平发展道路，强调和平发展成果需要两岸同胞共同维护。

第二，强调两岸双方坚持"九二共识"、反对"台独"这一共同政治基础的重要性。同时也强调，坚持"九二共识"的核心在于认同大陆和台湾同属一个中国。强调"台独"是两岸关系和平发展的最大障碍，是台海和平稳定的最大威胁，必须坚决反对和遏制。在这一点上，大陆方面的态度是明确的、一贯的，绝不会有任何变化。

第三，表达了大陆方面为两岸同胞谋福祉的真诚善意，指出这是我们发展两岸关系的着眼点和落脚点。

第四，呼吁两岸同胞携手同心，共同实现中华民族伟大复兴。

习总书记的重要讲话准确把握台海局势新变化，总揽全局，着眼长远，显示了大陆方面推动两岸关系和平发展的信心、决心，具有很强的针对性，为今后一个时期推动对台工作，拓展两岸关系发展道路指明了方向。

福建海峡卫视记者：日前国民党主席朱立伦表示，作为国民党主席赴大陆参与国共论坛是很自然的事，想请问发言人对此有何评论？

范丽青：我们注意到朱立伦主席在香港的谈话。我们昨天已做出回应。我们欢迎朱立伦主席在方便的时候来大陆参访。近年来，国共两党在坚持"九二共识"、反对"台独"的共同政治基础上，努力增进互信，保持良性互动，促进了两党关系和两岸关系发展，维护了台海地区和平稳定，增进了两岸同胞的福祉。国共两党交往形成的积极有益的做法应该继续保持，我们愿与国民党共同努力，推动两岸关系和平发展稳步向前。

范丽青：两岸经贸文化论坛已经举办了九届，为促进国共两党关系和两岸关系发展发挥了重要作用，应该继续办下去。关于举办第十届两岸经贸文化论坛的具体事宜，国共两党有关方面一直保持着沟通，如果有确切的消息，我们会及时发布。

台湾东森电视台记者：台北市长柯文哲日前跟媒体表示，他将向上海市发函，愿意今年继续举办台北—上海"双城论坛"，但是柯文哲始终没有把对"九二共识"的态度说清楚，似乎采取回避的方式。不晓得大陆这边有什么态度？是不是会让柯文哲表态清楚之后才会进行？

范丽青：我们注意到了相关报道。我们认为，2008年以来，在坚持"九二共识"的基础上，两岸关系和平发展取得一系列重要成果，受到两岸民众和国际社会的肯定和欢迎。只有坚持和维护好这一政治基础，两岸关系以及两岸城市间的交流合作才能行稳致远。

福建厦门卫视记者：据悉，日前台湾渔船"祥富春"

号失联，上面有 11 名大陆渔工，请问发言人，国台办是否了解有关情况？

范丽青：我们在 3 月 9 日得知台湾渔船"祥富春"号在阿根廷以东 1300 海里海域失联的消息后，海协会立即去函台湾海基会核实情况，表达对失联渔船和船上包括 11 名大陆渔工在内的所有渔工下落的高度关切。台湾海基会已经回函确认失联事故发生。据我们了解，中国海上搜救中心已积极协调有关方面全力搜救。我们也希望台湾有关方面全力搜寻，尽早找到失联渔船和渔工下落。

台湾《中国时报》记者：我们注意到，王毅外长日前在人大记者会上提到，今年将举行反法西斯战争胜利 70 周年的大阅兵，将向所有的有关国家领导人跟国际组织发出邀请，不管是谁，只要是诚心来，都欢迎，这是否也意味着台湾方面除了朱立伦之外，也为马英九访问大陆创造了机会？

范丽青：今年是中国人民抗日战争暨世界反法西斯战争胜利 70 周年，也是台湾光复回归祖国 70 周年。大陆方面将隆重举行一系列纪念活动。抗战胜利是全民族的胜利，我们欢迎台湾同胞参加纪念活动。希望两岸同胞通过纪念抗战胜利，铭记历史、缅怀先烈、团结一致、携手同心，共同致力于推进两岸关系和平发展和中华民族伟大复兴。

中国国际广播电台记者：博鳌亚洲论坛3月底要举行，据台媒报道，届时习近平总书记将与萧万长会面，请发言人予以证实。

范丽青：据我了解，萧万长先生将以两岸共同市场基金会荣誉董事长的身份出席今年3月底在海南举办的博鳌亚洲论坛年会，具体活动还在沟通安排之中。

台湾 TVBS 电视台记者：台湾前省议会议长高育仁日前接受采访时说，现在正在跟大陆方面磋商两岸和平论坛，时间大概是五六月，请发言人予以证实。

范丽青：据我了解，两岸和平论坛举办的具体事宜，双方有关方面还在沟通之中。

台湾《联合报》记者：前两天有人大代表建议，把修改《中华人民共和国台湾同胞投资保护法》提上议事日程。前两年已开始就《实施细则》进行修订，请问何时完成？今年是抗战胜利70周年，大陆这边有没有跟台湾共同举办的纪念活动？

范丽青：第一个问题。《中华人民共和国台湾同胞投资保护法》（以下简称《投保法》）及其《实施细则》自从颁布施行以来，为保护台湾同胞投资合法权益，促进两岸经济交流与合作发挥了重要作用。2012年，两会签署了《海峡两岸投资保护和促进协议》，与《投保法》一道，继续为维护台胞的合法权益提供法制保障。有关台商台胞在大陆经营生产各方面所碰到的问题，我们会转有关部门处理，依法保护台商的合法权益。

范丽青：第二个问题，纪念抗战的系列活动还在策划之中。我们希望两岸同胞通过共同纪念抗战胜利，铭记历史、缅怀先烈、携手同心，致力于推动两岸关系和平发展和中华民族伟大复兴。

中新社记者：台湾有关方面最近处罚了6所台湾的高校，要求在半年内不能邀请大陆人士赴台交流，请问您对此有何看法？

范丽青：两岸院校开展学术等方面的交流活动，有利于增进相互的了解，也有利于促进两岸关系和平发展。希望台湾有关方面为两岸院校交流创造有利的环境和条件。

台湾《旺报》记者：请问M503航路事件基本上落幕了，是否能实现张志军主任访台，并举行"张夏会"？

范丽青：国台办与台湾陆委会负责人互访并且会面沟通，是两部门已经建立常态化联系沟通机制的重要内容。由于2月4日复兴航空公司发生空难，张志军主任原定要赴金门参访的活动推迟。关于张志军主任何时访台及与台湾陆委会主委会面之事，国台办与陆委会一直保持着沟通。

台湾《工商时报》记者：去年陆委会和国台办达成共识，要就双方共同参与区域经济整合这部分进行沟通，请问目前的沟通情况怎么样？另外，台湾有学者近日发文，建议启动"民共对话"，请问这方面国台办是否有准备？

范丽青：关于第一个问题，两岸进一步扩大交流合作，促进经济融合，有利于为台湾参与区域经济合作创造更好的条件。目前，双方已经就启动共同研究两岸经济共同发展与区域经济合作进程相衔接事宜的准备工作交换了看法，并且还将继续进行后续的沟通。

范丽青：第二个问题，我刚才已经回答过，2008年以来，两岸关系之所以走向和平发展道路并取得一系列重要成果，最重要的原因是两岸双方均坚持"九二共识"、反对"台独"的共同政治基础，这一基础的核心是认同大陆和台湾同属一个中国。只要是认同这一点，台湾任何政党和团体同大陆交往都不会存在障碍。

中国国际广播电台记者：我们看到"一带一路"战略构想成为今年两会的一个热词，请问国台办是否会帮助台湾分享这一战略机遇？

范丽青：我们愿意就此听取台湾各界人士的意见和看法。

台湾 TVBS 电视台记者：我们看到最近不管是林毅夫委员，或者人大代表雷军，都有对台湾青年的问题做一些谈话，请教国台办对于台湾青年的问题今年有什么比较明确的工作重点或者比较新的看法？

范丽青：两岸青年是两岸关系的未来。我们一向非常重视两岸青年交流工作，愿意进一步为台湾青年朋友们到大陆来参访、交流、学习、生活、创业提供更多的帮助，创造更好的条件。

范丽青：今天的发布会就到这里，谢谢各位。

［发布时间］2015 年 3 月 25 日
［发 布 人］范丽青
［发布地点］国务院台湾事务办公室新闻发布厅

国务院台湾事务办公室
新闻发布会

2015 年 3 月 25 日

3 月 25 日上午 10 时，国台办在新闻发布厅举行例行新闻发布会。发言人范丽青就近期两岸热点问题回答了记者提问。

中央电视台《海峡两岸》记者：李克强总理在 3 月 15 日两会闭幕后会见记者时表示，要给台商吃"定心丸"，请问如何落实李克强总理提出的两岸经贸惠台政策？

范丽青：李克强总理给台商传递"定心丸"，充分说明了大陆支持和鼓励台资企业发展的政策和方向没有改变。国台办将会同有关部门，进一步加强两岸经贸合作制度化建设，继续推进 ECFA 后续协商；进一步加大依法维护台商合法权益的力度，推动《中华人民共和国台湾同胞投资保护法》及其《实施细则》的修订工作；进一步推动落实台资企业享受大陆各项扶持企业经营发展的政策；进一步支持台湾中小企业来大陆投资发展；鼓励台湾青年来大陆创业就业。

台湾中天电视台记者：马英九先生昨天去新加坡吊唁李光耀先生，请您谈一下李光耀先生在两岸关系上的贡献。

范丽青：李光耀先生生前坚持一个中国政策，为促进两岸关系发展做了积极有益的工作。我们希望各方本着一个中国原则妥善处理台湾人士参加吊唁事宜。

香港中评社记者：萧万长先生日前表示，金门拥有丰富的闽南文化，传承了中华文化的精髓，并且说金门可以作为整合两岸文化交流的平台，请问发言人对此有何评论？

范丽青：闽南文化是闽台两地民众共同拥有的民俗文化，也是中华文化的重要组成部分。打造闽南文化交流平台，有利于两岸同胞相互了解，增加感情，携手传承和弘扬中华文化。我们乐见金门在两岸交流合作中发挥更大的作用。

中国国际广播电台记者：第一，如今亚投行成为各界关注的焦点，很多学者也呼吁台湾应该主动加入，分享机遇，请问发言人对此有何回应？第二个问题，博鳌亚洲论坛年会即将举行，请发言人介绍一下台湾方面会有哪些嘉宾出席，参加哪些重要活动？谢谢。

范丽青：第一个问题，据了解，有关各方正在按照筹建亚投行备忘录进行筹建工作。第二个问题，台湾两岸共同市场基金会荣誉董事长萧万长今年将率团出席博鳌亚洲论坛年会，有关活动正在统筹安排中。

中国台湾网记者：宁夏自治区党委书记李建华正率团在台湾访问，请问今年还将有哪些省区市领导赴台交流？

范丽青：应中国国民党中央委员会邀请，宁夏自治区党委书记李建华于 3 月 24 日至 30 日率团赴台参访交流。据了解，访问团将以"两岸一家亲·携手向未来"为主题，突出宁夏资源特色，开展一系列交流活动。包括举办经贸文化合作交流恳谈会、少数民族广场文艺联谊会、宁夏旅游文化商品展等。访问团还将与国民党相关人士交流，走访台湾基层社团，参访台湾文博机构、科学园区和农家等。我们祝李建华书记此次访问取得圆满成功。

范丽青：我们将会继续推动两岸各层次、各领域的交流往来，相关消息会及时告诉大家。

新华社记者：昨天中共中央政治局会议通过了福建自贸区的总体方案，请问发言人能否介绍一下福建自贸区在对台交流合作方面有什么具体的措施？

范丽青：福建自由贸易试验区总体方案 3 月 24 日已经中央审议通过。我们相信，福建自贸区建设将有利于促进海峡两岸经贸交流合作的自由化和便利化。我们也将一如既往，鼓励台湾同胞到大陆创业发展，分享大陆发展机遇。

台湾东森电视台记者：有两个问题，第一，我们知道台北、上海"双城论坛"是以"九二共识"为基础，但台北市长柯文哲只表示"两岸一家亲"，似乎有点回避"九二共识"，请问大陆方面对此持何态度？第二个问题，最近好多台商反映，厦门、金门的"小三通"，听说因为税的问题，导致在大陆的一些台湾商家原材料没有办法运进来，请问到底是什么样的状况？

范丽青：第一个问题，我们也注意到了您所说的报道。2008 年以来，两岸双方在坚持"九二共识"的政治基础上，推动两岸关系和平发展取得一系列重要成果。

我们希望台湾各界与我们共同努力，维护好两岸关系和平发展的政治基础。秉持"两岸一家亲"的理念，有利于两岸交流合作。

范丽青：第二个问题，据我们了解，"小三通"总体运作是正常的。在货物进口方面，台商反映的情况可能是由于个别地区执行了更加规范的监管政策。依法治国，营造更加统一和公平的市场环境是大势所趋。同时，我们对台湾同胞的合理诉求会给予充分的考虑。

福建海峡卫视记者：最近有很多人关心蔡英文对于"九二共识"的态度，请问如果蔡英文当选之后，不承认"九二共识"的话，会带来什么样的严重后果？

范丽青：对于假设性问题，我不予评论。

福建东南卫视记者：第一，此前台陆委会主委夏立言透露，不排除4月与张志军主任会面，请问发言人，"张夏会"的具体时间表是否已经有了，是定在4月吗？第二，今年西安祭黄帝陵大典已经临近，目前关于台湾方面人士参加的各项筹备情况如何？第三，有媒体报道台湾有很多人以面向大陆电话诈骗为生，对此您是怎么看的？

范丽青：第一个问题，关于张志军主任与台湾陆委会夏立言主委会面事宜，国台办与陆委会尚在沟通安排中，一旦确定，我们会及时发布。

范丽青：第二个问题，轩辕黄帝是中华民族的人文始祖之一，一年一度的清明公祭活动是海内外炎黄子孙念祖思亲，追本溯源，弘扬民族精神的盛典。我们欢迎台湾各界人士，尤其是台湾青年来参加公祭活动，促进两岸的文化交流。

范丽青：第三个问题，多年来，电信诈骗给两岸民众造成了重大财产损失和精神损失，包括对人与人之间信任的伤害。所以，在《海峡两岸共同打击犯罪及司法互助协议》签署实施后，两岸警方加强合作，共同打击涉两岸犯罪，其中一个重点就是打击电信诈骗犯罪，迄今两岸双方已经联手打掉两岸及涉及第三地近 400 个犯罪团伙，抓获犯罪嫌疑人 6300 多名。只要这方面的犯罪活动存在一天，两岸警方就会继续携手打击跨境电信诈骗犯罪活动，积极追缴赃款，保护两岸民众财产安全。

福建厦门卫视记者：之前有台湾媒体报道说，今年两岸两会领导人第十一次商谈可能会在 3 月举行，请发言人予以证实。

范丽青：依据两会制度化协商惯例，两会领导人第十一次会谈轮在大陆举办。目前，两会正在就本次会谈的时间、地点、议题等进行沟通，确定后会及时发布。

福建《海峡导报》记者：近日，民进党主席蔡英文在回应"美在台协会"前执行理事施蓝旗的讲话时表示，两岸关系必须维持和平稳定，也会尽最大努力维持现状。对此发言人有何评论？

范丽青：我们对民进党的政策是明确的。我们多次指出，2008 年以来，两岸关系之所以能走上和平发展道路并取得一系列重要成果，最重要的原因就是两岸双方均坚持"九二共识"、反对"台独"的共同政治基础，这一基础的核心是认同大陆和台湾同属一个中国。只要认同这一点，台湾任何政党和团体同大陆交往都不存在障碍。

台湾 TVBS 电视台记者：美国 AIT 前执行理事施蓝旗认为蔡英文"对两岸关系应该有一些政策"的看法，是中美双方沟通的结果吗？另外，对这样的说法国台办有什么看法？

范丽青：2008 年以来，两岸关系走上了和平发展道路，并取得一系列重要成果，受到了两岸同胞的大力支持，也受到国际社会的肯定。

台湾《联合报》记者：我想知道台湾有没有机会透过参加亚投行来参与到"一带一路"的建设？台商有哪些方式或者管道参与"一带一路"的建设？

范丽青：关于台湾参与"一带一路"建设的问题，我们愿意就此听取台湾各界人士的意见和建议。

香港中评社记者：我们知道最近民进党执政的县市，包括无党籍柯文哲执政的台北市都陆续设立了"两岸事务小组"，专门负责两岸交流业务，请问发言人对此有何评论？

范丽青：我们对民进党的政策是一贯的、明确的。我们多次指出，两岸关系和平发展的一系列成果是在坚持"九二共识"基础上取得的。我们对包括县市交流在内的两岸各领域的交流一直是持积极的态度。希望通过两岸各项合作交流，维护好两岸和平发展的政治基础，维护好两岸关系和平发展的良好局面。

范丽青：今天的发布会就到这里，谢谢各位。

[**发布时间**] 2015 年 4 月 15 日
[**发 布 人**] 马晓光
[**发布地点**] 国务院台湾事务办公室新闻发布厅

国务院台湾事务办公室
新闻发布会

2015 年 4 月 15 日

4 月 15 日上午 10 时，国台办在新闻发布厅举行例行新闻发布会。发言人马晓光就近期两岸热点问题回答了记者提问。

马晓光：各位媒体朋友，大家上午好。下面，我愿意接受大家的提问。

新华社记者：国民党主席朱立伦将率团参加在上海举行的第十届两岸经贸文化论坛，他也表示，关于"习朱会"，还在进一步了解和商讨，请问大陆方面对此有什么考虑吗？

马晓光：我们欢迎朱立伦主席率团出席第十届两岸经贸文化论坛，会与中国国民党方面加强沟通，筹划安排好朱主席出席论坛及相关活动事宜，希望通过此访保持国共两党交往，促进良性互动，共同推动两党关系和两岸关系稳步向前。

中国国际广播电台记者：我有两个问题。第一，"两岸关系和平发展回顾与展望"研讨会将于本月下旬在南京举办，请介绍一下这个论坛的相关情况。第二，今年是反法西斯战争胜利70周年，两岸都将举行纪念活动。日前台湾有关部门也表示，欢迎居住在大陆的抗战老兵到台湾去参与活动。请问对此国台办方面有何评论？

马晓光：第一个问题，2005年4月29日，中国共产党与中国国民党两党领导人相隔60年后举行会谈，共同发布"两岸和平发展共同愿景"，确立了国共两党坚持"九二共识"、反对"台独"的共同政治基础，为2008年以来两岸关系实现历史性转折、开创两岸关系和平发展新局面创造了重要条件。

马晓光：回顾历史，展望未来，中共中央台办海研中心与中国国民党国政基金会计划于4月下旬在南京共同举办纪念"两岸和平发展共同愿景"发布十周年图片展，并且召开"两岸关系和平发展回顾与展望"的研讨会。

马晓光：第二个问题，我们已经多次就两岸同胞纪念抗战胜利暨世界反法西斯战争胜利 70 周年表明了态度，做出了说明。我们希望两岸同胞通过纪念活动，铭记历史、缅怀先烈、团结一致、携手同心，共同致力于推进两岸关系和平发展和中华民族伟大复兴。

台湾东森电视台记者：台湾方面在 3 月 31 日递交了参加亚投行的申请，为什么台湾申请成为亚投行创始成员没有通过？是不是因为名称的问题？大陆希望是什么样的名称呢？

马晓光：首先，我要重申，我们欢迎台湾方面以适当名义参与亚投行的态度没有改变。亚投行是开放、包容的国际多边开发机构。相信有关各方在今后协商制定章程时，会正面考虑台湾方面参与亚投行的问题。相信通过务实协商，能够为台湾方面以适当名义参与亚投行找到办法。在此过程中，我们愿意继续听取各方面的建设性意见。

福建海峡卫视记者：我有两个问题。第一，十年前"胡连会"上提出五项愿景，目前只剩下"促进终止敌对状态，达成和平协议"这项愿景尚未实现，请问发言人对此有什么评论？第二个问题，蔡英文表示"民进党处理两岸关系的基本原则就是维持两岸现状",以"峰回路转、波平浪静"八个字来响应习近平总书记提出的"九二共识"是基础,"基础不牢、地动山摇",想请问发言人对此有何评论?

马晓光:回顾"两岸和平发展共同愿景"发布十周年以来,两岸关系取得了长足的进展,特别是在两岸的经济合作和其他各领域交流,以及两岸协商谈判都取得了丰硕的成果。我们主张应该先易后难、循序渐进地发展两岸关系。同时我们也认为,两岸之间长期存在的一些政治问题终究难以回避,所以我们愿意在一个中国的框架下,逐步为破解这些政治难题创造条件、寻求办法。

马晓光:第二,关于民进党负责人说法,我们已经做出了回应。我在此愿意重申,维护两岸关系和平发展的关键是两岸双方确立了坚持"九二共识"、反对"台独"的政治基础,核心是认同大陆和台湾同属一个中国,这是两岸关系之锚。如果坚持"一边一国"的"台独"分裂立场,势必在两岸关系上难以找到出路。这不是一个新话题,而是在 2000 年至 2008 年之间发生过的历史,殷鉴不远。所以我们希望两岸同胞都能高度重视维护好两岸关系和平发展的政治基础,通过共同努力,保持两岸关系和平发展的良好局面,以更多的成果造福两岸民众。

福建《海峡导报》记者：两岸青年学者论坛近日落下帷幕，今年的论坛主要关注哪些议题？发言人对此有何评价？

马晓光：两岸青年学者研讨会正在海南三亚召开。这是全国台湾研究会举办的一项两岸青年学者的交流活动，受到两岸媒体和舆论的关注。举办这样的活动，有利于增进两岸青年之间的沟通和了解，有利于在继续开拓两岸关系和平发展局面上凝聚共识，从而使两岸青年朋友能更加积极地投身于两岸关系的改善和发展之中。

台湾《联合报》记者：刚才您提到，相信通过务实协商，能够为台湾以适当名义参与亚投行找到办法。是不是表示说现在台湾参与亚投行还有一些难点？如果是的话，请问这些难点是什么？另外，务实协商是经由什么管道？第三个问题是，之前张主任要到金门访问，因为复兴航空空难推迟，请问现在有没有再安排？

马晓光：一个是关于亚投行的问题，我已经向大家做了说明。据我了解，意向创始会员国正在就亚投行的章程进行谈判，适用于新成员加入的相关程序和规则尚在磋商之中。我想强调，我们欢迎台湾方面以适当名义参与的态度没有改变。

马晓光：第二个方面的问题，大家知道，去年以来，国台办和陆委会建立了常态化联系沟通机制，这个机制的建立十分难得，也十分宝贵，对于推动两岸关系稳步发展，对于双方有效沟通解决两岸民众关心的诸多事项发挥了重要作用。两个部门负责人的会面，当然是这一工作机制的重要内容，国台办和陆委会一直就张志军主任与夏立言主委的会面事宜保持着密切沟通。

《台声》杂志记者：据悉，黑龙江省委书记王宪魁近期将率团访台，请介绍相关情况。

马晓光：应中国国民党中央委员会邀请，黑龙江省委书记王宪魁将于2015年4月19日至25日率团赴台交流。据了解，访问团将举办一系列交流活动，包括与台湾各界交流恳谈会、黑龙江冰雪文化和民俗风景展、走访台湾基层社团、参访台湾文博机构、考察台湾科学园区及高新技术企业等，通过这些活动推动两地文化、经贸、科技、旅游等各领域交流与合作。我们预祝王宪魁书记此访顺利、圆满。

中央电视台记者：关于"两岸关系和平发展回顾与展望"研讨会，台湾方面会有哪些人士参加？会不会讨论到签订两岸和平协议的问题？

马晓光：关于出席会议的人员和研讨会将讨论的具

体问题等事宜，双方还在沟通安排中，确定后我们会及时发布。

《经济日报》记者：第五届两岸及香港《经济日报》财经高峰论坛4月22日将在台北举行，这个论坛已经成功举办了四届，而且这届的参会人员将达到700多人，想问发言人对此论坛有何评价？

马晓光：海峡两岸及香港的《经济日报》共同举办的"三经论坛"，据我了解已经是第五届了。这是一个由媒体搭桥，广邀各界人士讨论两岸经济合作与发展的重要平台。本届论坛将在台北召开。据了解，中共中央台办、国务院台办副主任、海协会副会长李亚飞将出席，并在开幕式上发表演讲。我们希望在当前两岸关系形势下，本届论坛能够为进一步推动两岸经济合作凝聚共识。

台湾中天电视台记者：请问朱立伦主席率团来大陆参与国共论坛的时候，习总书记会不会见他？另外一个问题是关于台北市长柯文哲之前接受媒体采访的时候，被问到"九二共识"这个问题，他提出了一个"一五新观点"，您有何回应？

马晓光：两党有关方面会筹划安排好朱主席出席论坛及相关活动事宜，有关安排确定后，我们会及时发布。

马晓光：关于第二个问题，我们已经做过正式的回应，对于柯文哲市长表示世界上没有人认为有"两个中国"，一个中国不是问题，对于他表示尊重两岸已经签署的协议和交往互动的历史，在既有政治基础之上，本着"两岸一家亲"的理念，促进交流，增加善意，来追求两岸人民美好的共同未来，对这样一些积极的言论，我们表示肯定。

福建厦门卫视记者： 除了您刚才介绍的第十届两岸经贸文化论坛以外，近期还有哪些重要的两岸交流活动？另外一个问题，大陆居民第五批赴台个人游试点城市今天启动，请发言人介绍一下目前大陆赴台个人游的总体情况怎么样？

马晓光： 第一个问题，近期两岸各领域的交流活动持续热络。今天，第五批11个城市赴台个人游正式启动了。4月21日是一个很特别的日子，是我们阴历的三月初三，河南新郑将举办乙未年黄帝故里拜祖大典活动，邀请两岸同胞一起来寻根谒祖，共叙同根同源的血脉亲情。同一天，贵州、海南等地还将分别举行"三月三"节庆活动，两岸少数民族同胞共庆传统佳节。4月下旬，两岸共同举办的第五届"海峡两岸文化创意产业展"、第二届"两岸小剧场艺术节"、第二届"海峡两岸文化遗产节"将相继在台开幕。4月24日到30日，海峡两岸中华武术论坛也将在台举办，相信会给大家带去耳目一新的视觉盛宴，并推动两岸武术交流，弘扬中华传统文化。

马晓光：第二个问题，第五批大陆城市赴台个人游开放以后，我们总体判断并相信，大陆居民赴台旅游会继续保持积极健康有序的发展态势。我们希望通过大陆居民赴台旅游进一步增进两岸民众的沟通和了解，也为台湾经济发展提供应有的助力。

台湾《旺报》记者：有关两岸两会第十一次高层会议，海基会方面是希望以4月底为目标，现在这个时间点有没有可能性，还是要国共论坛举行之后再来商定？

马晓光：关于两会第十一次会谈，据我了解，海协会和海基会一直在保持着沟通和联系。4月7日至10日，林中森董事长率海基会董监事团来大陆参访期间，陈德铭会长也跟他见了面，双方也就举办第十一次会谈相关准备工作交换了意见。

马晓光：发布会到此结束，谢谢大家。

[发布时间] 2015 年 4 月 29 日
[发 布 人] 马晓光
[发布地点] 国务院台湾事务办公室新闻发布厅

国务院台湾事务办公室
新闻发布会

2015 年 4 月 29 日

4 月 29 日上午 10 时，国台办在新闻发布厅举行例行新闻发布会。发言人马晓光就近期两岸热点问题回答了记者提问。

马晓光： 各位媒体朋友大家好，发布会现在开始。下面请大家提问。

福建厦门卫视记者： 李克强总理和俞正声主席日前在与台资企业代表座谈时表示，大陆对台商的优惠政策不会改变，将继续支持和鼓励台资企业在大陆发展。请问国台办将如何落实讲话精神？

马晓光：日前，李克强总理在厦门召开的部分台资企业负责人座谈会上表示，两岸同胞骨肉相连，是一个大家庭的兄弟姐妹，是一家人。我们对台商的优惠政策不会改变，已制定的一些政策、已签订的合同继续有效，不存在溯及既往的问题。俞正声主席近日在南京与台商企业家代表座谈时也强调，大陆支持和鼓励台资企业发展的政策、方向不会改变，将继续支持和鼓励台资企业发展，依法维护台商合法权益。讲话发表后，各地台商反响热烈，感觉吃了"定心丸"，认为这些讲话体现了"两岸一家亲"的政策理念，坚定了他们进一步在大陆发展事业的信心。中央台办、国台办将认真落实中央领导同志讲话精神，会同有关部门和地方为台资企业发展创造更好的环境和条件。

新华社记者：请介绍日前国共两党有关方面共同纪念"两岸和平发展共同愿景"发布十周年有关活动的情况。

马晓光：4月25日，在江苏南京，中央台办海峡两岸研究中心和中国国民党国政研究基金会共同举办了"两岸和平发展共同愿景"（以下简称"共同愿景"）发布十周年纪念活动。

马晓光：中央台办张志军主任、江苏省委罗志军书记、中国国民党郝龙斌副主席，以及国共两党代表、两岸专家学者近百人出席了有关活动。

马晓光：与会人士高度评价"共同愿景"的历史意义，从政治、经济、文化、社会交流等方面，总结了两岸关系和平发展的成果和经验，并对今后两岸关系和平发展提出了许多富有前瞻性的建议。强调要继续走两岸关系和平发展道路，坚持"九二共识"、反对"台独"的共同政治基础，维护两岸关系和平发展成果，不断增进两岸同胞的利益福祉。呼吁两岸同胞携手同心，共同开创两岸关系新未来，实现中华民族伟大复兴。

马晓光：今天是 4 月 29 日，也是"共同愿景"发布十周年的日子。在今天的《人民日报》上刊登了张志军主任在纪念活动中的讲话，这篇讲话从三个方面高度评价了"共同愿景"的历史意义，从四个方面阐述了对进一步开创两岸关系新未来的重要启示作用，欢迎大家参阅。

台湾中天电视台记者：今天是汪辜会谈 22 周年，也是"胡连会"十周年。马英九将在陆委会重新强调"九二共识、一中各表"，对此有何评论？另外，在目前两岸关系新形态下，"九二共识"有没有可能进一步深化？

马晓光：第一个问题，22 年前在"九二共识"基础上举行的汪辜会谈，开创了两岸制度化协商的机制，树立了两岸平等协商的典范，标志着两岸关系迈出了历史性的重要一步。

马晓光：汪辜会谈 22 年来两岸关系发展的实践证明，要保持两岸关系和平发展的良好势头，关键是巩固反对"台独"、坚持"九二共识"的政治基础。有了这个基础，两岸关系就能够改善发展，两岸民众的权益和福祉就能得到维护和增进，两岸各项交流合作就能够不断扩大深化。如果这个基础遭到破坏，两岸互信将不复存在，两岸关系就会重新回到动荡不安的老路，和平发展成果也会得而复失。历史启迪现实也昭示未来，这是汪辜会谈对两岸同胞最重要的启示。

马晓光：第二个问题，2008 年以来，在国共两党和两岸双方的共同努力下，在坚持"九二共识"、反对"台独"的共同政治基础上，两岸同胞携手开创了两岸关系和平发展新局面，并且取得了一系列重要成果，受到两岸民众和国际社会的肯定和欢迎。只要继续坚持这一共同政治基础，两岸关系的发展道路就会更加广阔，也将为两岸同胞带来更多福祉。

中央电视台《海峡两岸》记者：民进党主席蔡英文日前表示，"民进党处理两岸关系的基本原则就是维持两

岸现状"，民进党发言人称，所谓维持两岸现状是指
2015 年的现状而不是 1992 年的现状，对此有何评论？两
岸关系现状到底是什么？

马晓光：1949 年以来，海峡两岸虽然尚未统一，但
大陆和台湾同属一个中国的事实从未改变。2008 年以来，
在"九二共识"基础上两岸关系实现了和平发展。这就
是两岸关系现状。

中国国际广播电台记者：尼泊尔目前发生了强震，
截至目前仍有 100 多名台湾游客滞留在尼泊尔境内，还
有 20 多人失联，请问未来大陆方面是否会协同台湾有关
部门对滞留在尼泊尔境内的台湾同胞提供协助？

马晓光：尼泊尔地震发生后，大陆方面已经紧急启
动应急机制。两岸同胞血浓于水，我们愿意为在尼台湾
同胞提供必要协助。

新华社记者：日前证监会副主席姜洋在台表示，大
陆有关部门正在研究开启沪台通，请介绍相关情况，以
及大陆方面对两岸金融合作的立场。

马晓光：沪港通已经顺利实施了，沪台通最近受到
热议。我们希望，在条件成熟的时候，通过深化两岸资
本市场合作，为台湾同胞分享大陆经济发展成果提供新
的平台。

台湾《联合报》记者：下个星期国共两党的领导人将会面，请介绍这次会面在国共交往历史上的意义和朱立伦在北京的行程安排。2005 年国共领导人会面时，双方发表了共同新闻稿，这次会不会发表？

马晓光：国共两党领导人会面对于保持两党交往，增进良性互动，推进两党关系和两岸关系稳步向前都具有重要意义。目前，相关行程的准备工作正在紧锣密鼓地进行。我们跟国民党有关方面将加强沟通，落实好各项活动的细节。国共两党对于维护台海和平、促进共同发展、增进两岸同胞福祉，对于反对"台独"、坚持"九二共识"，坚定不移地走两岸关系和平发展道路都具有广泛共识。我们期待并相信，国共两党领导人会面，就两党交往和两岸关系广泛深入交换意见，一定会取得积极成果。

《团结报》记者：有消息称，日本首相安倍晋三亲信以及前首相野田佳彦将先后率团访问台湾，请问您对此有何看法？

马晓光：众所周知，我们对我建交国与台湾交往问题的立场态度是一贯的、明确的。

台湾中天电视台记者：最近有学者提到，两岸"让利"的时代已经过去了，这是不是表示大陆将不再对台湾"让利"？

马晓光：两岸经济交流合作 20 多年来，取得了互补互利的成效，两岸工商界和两岸民众普遍受益。大陆从"两岸一家亲"的理念出发，在两岸经济交流合作中对台湾同胞释放了善意。随着大陆经济体制改革的深化，将更加注重制度创新，同时对于台商和台资企业在大陆发展的各项合理优惠政策依然会继续执行。

台湾《旺报》记者：5 月 4 日，朱立伦主席可能在和习总书记见面时提出深化"九二共识"内涵的政治主张，进而勾勒出两岸关系发展的新愿景。请问您对此有何看法和期许？

马晓光：其实我刚才已经回答过这个问题。我们认为，要巩固、维护好反对"台独"、坚持"九二共识"的共同政治基础。这个政治基础得到维护，两岸关系和平发展的道路就会越走越宽广，两岸民众的福祉就会不断增加，两岸关系的前景也会越来越光明。

中国国际广播电台记者：现在上海、广东、天津、福建四大自贸区在加紧建设当中。上海自贸区出台了新政策，要推进建立台湾中小企业商品中心。天津也推出新政，台湾投资人可以凭台胞证直接登记企业。您认为随着四大自贸区的建设，未来是否会给台湾的中小企业创造更多的商机？

马晓光：大陆方面设立自贸区的举措受到台湾同胞的广泛关注，也引起了台湾工商界，包括中小企业的热切期待。我们相信，随着自贸区建设的不断完善，随着制度创新成果的不断累积，一定能为两岸经济合作，包括两岸中小企业合作创造新的契机，开辟新的空间。

马晓光：今天的发布会到此结束。谢谢大家光临。

[发布时间] 2015 年 5 月 13 日

[发　布　人] 范丽青

[发布地点] 国务院台湾事务办公室新闻发布厅

国务院台湾事务办公室
新闻发布会

2015 年 5 月 13 日

5 月 13 日上午 10 时，国台办在新闻发布厅举行例行新闻发布会。发言人范丽青就近期两岸热点问题回答了记者提问。

新华社记者： 第十届两岸经贸文化论坛建议，要扩大两岸青年交流，为两岸青年学生就学、实习、创业、就业等方面创造条件，接下来会有什么具体措施和安排？

范丽青： 推动扩大两岸青年交流是我们一直积极努力的方向。大陆有关部门和各地为两岸青年创新、创业、就业、就学、实习等方面创造了许多有利条件，也做了大量工作。我们希望两岸青年都能够在大众创业、万众创新的大潮中实现自己的人生梦想。

范丽青：据了解，近期许多地方将举办一系列以两岸青年创业、创新为主题的交流活动。例如，北京市正在举办"京台青年创业季"系列活动；上海市台协与台湾和上海院校合作，为在台湾和上海读书的台湾年轻人提供实习、就业机会；天津市、江西省等地将在今年举办的两岸经贸活动中增加两岸青年交流活动。我办也在积极推动举办促进两岸青年创业、就业的考察座谈活动。

台湾中天电视台记者：民进党主席蔡英文计划在月底访问美国提出她的两岸论述，阐述她对两岸维持现状的看法。请问您对此有何看法？

范丽青：维护两岸关系和平发展、台海地区和平稳定，关键在于维护好坚持"九二共识"、反对"台独"的政治基础。我们坚决反对任何人以任何形式在国际上从事"台独"分裂活动。

福建海峡卫视记者：海峡论坛迄今为止已经办了六届，一般都会在每年的 6 月份举办，请问今年海峡论坛的举办时间是否已经确定？进展如何？

范丽青：第七届海峡论坛拟于 6 月 13 日起在福建举办，为期一周。目前各项筹备工作进展顺利。本届海峡论坛将会围绕关注青年、服务基层来安排活动，策划了论坛大会和两岸青年、基层、经贸交流等 4 大板块 17 项活动，由两岸 76 家单位共同主办。这些活动将会结合当前两岸社会关注热点，比如"一带一路"、自贸区建设、"互联网＋"、生态文明等等，促进同业的交流。还将安排同名村交流、青年创业竞赛、共同家园论坛、两岸残障人士嘉年华、社区互动、民间宫庙叙缘、职业教育交流等活动，让论坛及其活动实实在在地服务基层，服务青年，促进两岸基层民众和青年交流。

范丽青：欢迎台湾各界人士，特别是青年和基层朋友们参与。

中央电视台《海峡两岸》记者：第十届两岸经贸文化论坛建议要加强两岸农渔业合作，同时增加电商通路，帮助台湾农产品拓展大陆市场，请问要怎么落实？

范丽青：大陆方面一直积极帮助台湾农产品拓展大陆市场。目前，大陆一些知名电商企业，比如淘宝网、本来生活网等，都已经和台湾当地建立起购销合作关系，大陆消费者已经可以从网上购买到台湾农产品。今后，我们将继续鼓励并支持电商企业与台湾产地对接，开展合作，共创双赢。

台湾东森电视台记者：有台湾媒体报道，这个月月底将在金门举行"张夏会"，国台办和陆委会负责人将会面，请予证实。

范丽青：国台办与台湾陆委会负责人互访并会面沟通，是两部门常态化联系沟通机制的重要内容。关于张志军主任与夏立言主委会面事宜，国台办与陆委会一直保持沟通，一有消息我们会第一时间发布。

福建厦门卫视记者：据报道，有专家建议在厦门先行先试卡式台胞证，请问这是否可行？在进一步便利两岸同胞往来方面将有怎样的新举措？

范丽青：促进两岸人员往来有利于两岸关系发展。近年来，为了便利两岸人员往来，大陆有关部门在台胞来往大陆和大陆居民赴台方面陆续出台了一系列政策措施，取得了良好成效。近几年，两岸人员往来规模每年都在扩大，2014 年已经突破了 900 万人次，达到 941.1万人次。这样一个扩大的情况下，我们也注意到，有一些台胞民众反映，希望往来两岸的证件更便利。为此，有关部门正在加紧研究积极措施，相信会适时推出。

中国国际广播电台记者：据悉，两岸企业家峰会本月将在高雄举办两岸中小企业合作创新发展论坛，请问为何选在高雄举办？本次论坛有哪些安排？

范丽青：据了解，两岸企业家峰会 2014 年在台湾台北成功举办了年会以后，有许多台湾南部的企业界人士提出来，希望峰会到台湾的中南部开展活动，以便让台湾中南部企业尤其是中小企业有机会参与。为此，双方峰会商定，峰会将会在 5 月 21 至 22 日在高雄举办"两岸中小企业合作创新发展论坛"。届时峰会大陆方面的副理事长盛华仁先生将率领 100 多位大陆中小企业负责人赴台参会，与台湾同行就促进两岸中小企业育成、孵化与合作，提升创新与设计能力等议题进行探讨，力求实现"共建合作机制、携手创新发展"。我们希望论坛能为两岸中小企业合作搭建新的桥梁，促进两岸中小企业更好发展。

香港中评社记者：在"习朱会"上，习总书记提出两岸不仅要求同存异，更应该努力聚同化异，请发言人予以进一步解读。

范丽青：2008 年以来，两岸关系和平发展的事实说明，两岸双方坚持共同政治基础，务实面对，并且通过协商来解决实际问题，推动两岸关系改善和发展取得了一系列重要成果，这个过程既是一个求同存异的过程，也是一个聚同化异的过程。两岸存在的分歧不应当影响两岸的交流合作，双方应该多沟通、多交流，共同维护好两岸关系和平发展的大局。

范丽青：朱立伦主席来访期间，国共两党都认同两岸坚持走两岸关系和平发展道路，认同坚持"九二共识"、反对"台独"的政治基础。双方都表示，两党和两岸双方要正确对待两岸差异，相互尊重，管控分歧，避免干扰两岸交流合作。两党可以就两岸关系中的难题进行探讨，寻求解决之道。

福建《海峡导报》记者：近来台湾爆发了"毒茶"风波，涉及了多家知名连锁茶商，请问是否有波及大陆的相关企业？

范丽青：我们看到了相关报道。大陆主管部门将会通过《海峡两岸食品安全协议》框架下的联系协商机制，及时掌握信息，做好监督管理。

台湾 TVBS 记者：国务院去年公布 62 号文，许多台商担心投资权益受损，国务院昨天又公布了 25 号文，可以说让台商吃了"定心丸"，请发言人介绍一下 25 号文的具体内容。

范丽青：日前，李克强总理和俞正声主席在与台商座谈时都明确表示，大陆支持和鼓励台资企业发展的政策方向不会改变。5 月 11 日，《国务院关于税收等优惠政策相关事项的通知》（国发〔2015〕25 号）发布，其中明确规定，国家统一制定的税收等优惠政策，要逐项落实到位；各地区、各部门已经出台的优惠政策，有规定期限的，按规定期限执行；没有规定期限又确需调整的，由地方政府和相关部门按照把握节奏、确保稳妥的原则设立过渡期，在过渡期内继续执行；各地与企业已签订合同中的优惠政策继续有效。对已兑现部分不溯及既往。这些规定适用于台资企业，充分说明大陆对台资企业权益的高度重视，相信能够化解台商疑虑，坚定台商在大陆发展的信心。

范丽青：我们的发布会到此结束，谢谢大家。

[**发布时间**] 2015 年 5 月 27 日
[**发 布 人**] 范丽青
[**发布地点**] 国务院台湾事务办公室新闻发布厅

国务院台湾事务办公室
新闻发布会

2015 年 5 月 27 日

5 月 27 日上午 10 时，国台办在新闻发布厅举行例行新闻发布会。发言人范丽青首先介绍了国台办张志军主任访问金门与台湾陆委会主委夏立言会面取得的成果，而后就近期两岸热点问题回答了记者提问。

范丽青：各位上午好，刚刚过去的上周末，我办主任张志军成功访问金门。下面我先给大家介绍一下张主任此访情况和取得的积极成果。

范丽青：2014 年 2 月 11 日，国台办与台湾方面陆委会在坚持"九二共识"基础上建立联系沟通机制。一年多来，两部门负责人已经有过两次正式会面。

范丽青：在去年 11 月双方会面时，讨论了向金门供水等民生议题。后经双方商定，张志军主任应邀参访金门并实地考察金门情况。5 月 23 日至 24 日张志军主任率团赴金门，与陆委会主委夏立言举行了双方两岸事务主管部门负责人的第三次会面，就当前两岸关系形势、政策和推进两岸关系发展中的有关问题交换意见，并达成积极共识。张主任还实地考察了田埔水库，了解金门自大陆引水工程的进展情况；参观了金门酒厂、贡糖和钢刀门店等，与金门业界代表举行座谈会，对当地关注议题予以积极回应。

范丽青：5 月 23 日下午，张志军主任和夏主委举行了两个多小时会面，双方强调指出，要把握两岸关系和平发展的正确方向，坚持推动两岸关系和平发展的决心和信心，切实维护台海和平稳定，继续在"九二共识"基础上推动两岸关系取得新进展，让两岸同胞特别是基层民众受益更多。

范丽青：双方达成多项积极共识，在双方会后举行的记者会和新闻稿中已经进行了详尽的介绍，我这里不再一一赘述，只强调几点主要内容：一是要加强两部门交流沟通，继续推进两岸制度化协商，早日举行两会领导人第十一次会谈，尽快完成相关议题商谈并签署协议；二是进一步加强两岸经济交流合作，并为此创造条件；三是扩大深化两岸经济、青年和基层民众等各领域交流，推动"陆客中转"方案商谈，争取年中达成一致，就进一步便利两岸同胞往来进行磋商，争取取得进展；四是就双方各自关切的问题交换了意见，增进了相互了解。另外，还就推动实现福建向金门供用水以及加强和完善金门与福建方面的交流合作举措等达成了共识。这些成果和共识，对进一步增进两岸互信、深化交流合作、切实解决民生问题、推动两岸关系和平发展具有重要意义。

范丽青：张主任此次金门之行，受到两岸和国际社会的高度关注，也受到金门当地人民的热烈欢迎。此次"张夏会"的成功举行，也表明国台办和台湾陆委会在"九二共识"基础上建立起的两部门联系沟通机制运行良好，两岸关系和平发展的制度化建设在不断深化，这对于稳定和发展两岸关系具有积极意义。

范丽青：下面我愿意回答各位的问题。

福建厦门卫视记者：日前张志军主任在金门访问的时候，金门当地也提出了一些关注的议题，希望大陆方面能够协助解决，除了福建向金门供水之外，他们还提出希望大陆给金门的"小三通"更多的发展空间，比如像缩短货物的通关时间，开通金门和大陆之间的空中直航等，请问发言人对此有什么进一步的回应？

范丽青：刚才介绍过了，张志军主任此次金门之行，实地查勘田埔水库，参观金门酒厂和贡糖、钢刀门店，对福建向金门供水等当地关注的议题予以积极回应，充分体现了我们对金门民生问题的高度重视和为两岸基层民众谋福祉的诚意。

范丽青：关于缩短货物通关时间问题，近期大陆海关部门对对台小额贸易中存在的违法违规问题开展了专项整治，我们将充分考虑两岸业者关切，促进对台小额贸易规范健康发展。

范丽青：关于开辟金门直达大陆的航班，金门已经是两岸客运航点，金门与大陆航点通航在政策上没有障碍，两岸航空公司可按照有关规范申请飞行班次。

范丽青：我们乐见并积极支持金门与厦门、与福建进一步密切人员往来、深化互利合作，共同为改善两岸民生不懈努力。

中央电视台《海峡两岸》记者：民进党主席蔡英文将于本月底访问美国，并阐述其所谓的"维持两岸现状"说，有台湾舆论认为，如果民进党与美方对于所谓的"两岸现状"达成一致的话，大陆方面将有可能调整相关看法。想请问发言人对此有何评论？

范丽青：1949 年以来，海峡两岸虽然尚未统一，但大陆和台湾同属一个中国的事实从未改变，中国主权和领土完整不容分割。2008 年以来，在"九二共识"基础上两岸关系实现和平发展。这是两岸关系现状。

范丽青：至于民进党提出要"维持两岸现状"，现在台湾社会各界都在问，民进党所指的"两岸现状"是什么？这是需要他们做出明确回答的。

新华社记者：金门有很多两岸婚姻家庭，这些家庭的大陆配偶对于在台权益也非常关心。这次张志军主任和夏立言主委在金门会面时有没有触及这方面的议题？

范丽青：张主任与夏主委会面时，双方讨论了涉及民生的政策问题。张主任表示，我们十分关注在台大陆配偶合法权益问题，台方在这方面的一些规定过于苛刻，比如限制陆配父母赴台依亲、限制担任公职、限制就业等。大陆配偶也是台湾同胞的亲人，希望台湾方面采取积极措施，切实照顾陆配的诉求。张主任还表达希望台方调整对赴台就读学位的大陆学生的相关政策，包括调整"三限六不"和医疗保健等歧视性政策。希望双方支持扩大两岸青年交流往来，为青年在对岸就学、实习、就业、创业提供帮助。

范丽青：针对台方对陆资采取的严格审查和限制政策，张主任表示，希望台湾方面对陆资采取开放正面态度，以利共创双赢。

范丽青：夏主委表示，台方重视大陆方面的上述关切，有关问题正在研究处理。

福建《海峡导报》记者：张志军主任日前访问金门时表示，希望金门不要发展博弈产业，否则"小三通"肯定会受影响，对此发言人有何进一步说明？

范丽青：关于这个问题，我们此前已多次明确表态，大陆明令禁止赌博。《大陆居民赴台湾地区旅游管理办法》以及《海峡两岸关于大陆居民赴台湾旅游协议》均规定，不得引导和组织旅游者参与涉及赌博等活动。大陆方面不会允许居民到台湾赌博，这是很明确的。大陆真诚希望也会继续推动金门的两岸旅游交流合作健康稳定开展并不断扩大。张志军主任参访金门同业界代表座谈时也清楚地表达了大陆的诚意。我们不希望看到很有潜力的金门旅游市场受到博弈产业的影响。

香港《大公报》、大公网记者：民进党主席蔡英文昨天表示若民进党执政的话不会放弃南海主权，她主张以国际法和平处理南海问题。马英九也在同日提出"南海和平倡议"，并提出了五点呼吁。请问发言人对以上言论有何评论？

范丽青：外交部已经表明了我们的立场。两岸中国人有义务共同维护国家领土主权和海洋权益，维护南海地区和平稳定。

中国国际广播电台记者：刚才发言人介绍了"张夏会"取得的积极成果，提到了"陆客中转"的议题，说是争取年中达成一致，请问发言人这方面有什么样的具体规划？

范丽青：关于"陆客中转"与进一步便利两岸同胞往来的议题，海协会与台湾海基会已经进行了两次工作性商谈和一次内部沟通，取得积极成果。双方还将继续协商，共同努力推动于年中达成一致。

《新京报》记者：张志军主任此次参访金门，双方就供水达成了共识，您能具体介绍一下关于供水方案吗？

范丽青：大陆非常关心金门缺水问题，一直积极推动福建向金门供水。2013 年 6 月，海协会与海基会第九次会谈达成有关解决金门用水问题的共同意见，之后福建省相关单位已经与台方举行了多次沟通，双方业主单位已就相关事宜基本达成共识。在张主任与夏立言主委会面交换看法后均表示，要加快推动此事。希望两岸有关单位尽快签署供用水合同，及早启动工程施工建设。

中国国际广播电台记者：第二次提问，两岸中小企业合作创新发展论坛近日在高雄举行，请发言人介绍一下这次论坛取得的成果。

范丽青：据了解，5月21日至22日在高雄召开的"两岸中小企业合作创新发展论坛"是两岸企业家峰会首次在台湾南部为中小企业交流合作搭建平台。这是一件很有意义的事。

范丽青：大陆企业家峰会副理事长盛华仁在会上介绍了大陆经济形势和发展规划，表达了促进两岸携手发展的诚意。与会代表一致认为，两岸中小企业在资金、技术、人才、市场等方面各有优势，应该携手创新，完善合作平台和机制，共同拓展市场，共创双赢。

范丽青：两岸企业家峰会还将继续推动两岸中小企业交流合作，已经规划要在今年11月紫金山峰会期间举办"两岸中小企业合作投资和创意产品展览洽谈会"，继续铺路搭桥，为两岸中小企业发展提供助力。

台湾《中国时报》记者：请问发言人，在金门"张夏会"当中，国台办主任张志军也邀请陆委会主委夏立言来访问大陆，请问夏立言将于何时来访？另外，上海和台北的"双城论坛"现在的进展怎么样，有没有可能邀请柯文哲市长来上海访问？谢谢。

范丽青：夏立言主委已经表示会在方便的时候访问大陆。具体时间安排，两部门会继续沟通协商。

范丽青：第二个问题，上海和台北方面一直在就此进行密切的沟通，只要准备好了就会发布消息。

台湾东森电视台记者：昨天大陆发布《中国的军事战略》白皮书，对台湾问题也有一些着墨。请问发言人，白皮书发布后，两岸关系会有什么变化？两岸会不会加强合作？

范丽青：关于《中国的军事战略》白皮书，昨天国防部发布会做了很详细的说明，您可以参考一下。

范丽青：我们在台湾问题上的立场是一贯的、明确的。近年来，两岸关系呈现出和平发展的良好局面，增进了两岸同胞福祉，有利于台海地区和平稳定，我们推动两岸关系和平发展的方针政策不会改变，制止"台独"分裂图谋的意志决心不会动摇。

范丽青：发布会到此结束，谢谢大家。

[发布时间] 2015 年 6 月 10 日
[发 布 人] 马晓光
[发布地点] 国务院台湾事务办公室新闻发布厅

国务院台湾事务办公室
新闻发布会

2015 年 6 月 10 日

　　6 月 10 日上午 10 时，国台办在新闻发布厅举行例行新闻发布会。发言人马晓光首先介绍了第七届海峡论坛的筹备进展情况，然后就近期两岸热点问题回答了记者提问。

　　马晓光：大家上午好。首先我向大家介绍海峡论坛的有关情况。

　　马晓光：目前，第七届海峡论坛各项准备工作已经就绪，论坛大会将于 6 月 14 日举行。中共中央政治局常委、全国政协主席俞正声将出席海峡论坛。中国国民党副主席郝龙斌、亲民党秘书长秦金生、新党主席郁慕明、无党团结联盟主席林炳坤及台湾有关县市长、县市议长、台湾主办单位代表、各界人士等将近 1 万人应邀出席本届论坛。

马晓光：本届论坛更加关注青年发展，更加突出服务基层。一是贴近两岸青年的关注和需求，将举行海峡两岸大学生青年创意创新创业大赛项目成果展示、青少年新媒体文创论坛等活动，包括微电影、健康成长、创业与"互联网＋"、艺术教育与新媒体融合发展主题峰会等多个项目。还邀请台湾青年来闽参加两岸青年骑行最美福建活动。

马晓光：二是设计同名同宗村、民间信仰文化等具有草根性、泥土味的活动项目，两岸基层群体参与的范围不断扩大。举例来说，参加两岸特色庙会的台湾商户，由去年 5 个城市的 7 大夜市扩展到 15 个县市，大陆商户由闽南厦漳泉地区扩展到福建九地市。安排了"海峡论坛之夜"民间文艺汇演、两岸美食大夜市、两岸文创大超市和"童玩大游园"等丰富多彩的互动活动。新增两岸残障人士交流嘉年华，邀请台湾 20 多个民间助残社会组织、慈善机构参与。

马晓光：三是紧扣两岸经济发展趋势，积极引入当前两岸社会关注热点内容，将"两岸自贸区创新与合作"作为今年两岸共同家园论坛主题，促进两岸同业交流。

马晓光：各位媒体朋友，海峡论坛已成为两岸民间交流的盛会。欢迎大家前往采访。希望通过大家的笔和镜头多报道两岸基层民众交流的故事、参与的热情、合作的成果，为两岸关系和平发展继续注入正能量。

马晓光：下面我接受大家的提问。

新华社记者：民进党主席蔡英文已经结束了美国之行，关于蔡英文在美期间发表的一些有关两岸关系的言论，请问发言人有什么评价？

马晓光：我们坚决反对任何人以任何形式在国际上从事"台独"分裂活动。我们对民进党的政策是明确的，也是一贯的。民进党领导人这次在美国就两岸关系讲了各种各样的话，但就是没有讲清楚最核心的问题。坚持"九二共识"、反对"台独"，是两岸关系和平发展的共同政治基础，核心在于认同大陆和台湾同属一个中国。两岸不是国与国的关系。民进党最需要明确回答的是，两岸之间是什么关系。

香港中评社记者：首批赴台就读的大陆本科生这个月马上要毕业了，他们当中有很多学生要回到大陆就业、工作，请问发言人对此有何评论？另外，会继续鼓励陆生赴台就学吗？

马晓光：从 2010 年大陆开放陆生赴台就读学位以来，第一批赴台湾就读的大陆学生今年就要毕业了。我们衷心希望他们回到大陆之后，都能够找到发挥自己专长的岗位，希望他们的聪明才智和学到的才华，能够在大陆发展建设中得到充分施展。也希望他们既能仰望星空，也能脚踏实地，干出自己一番人生事业。当然，我们还希望他们能够把在台湾就学好的感受和经验带回来，继续加强与台湾同学之间的联系，为两岸交流合作贡献心力。我们鼓励和支持两岸教育交流合作的政策和态度没有改变。

中国国际广播电台记者：日前中韩签署了自由贸易协定 FTA，台湾的主流舆论认为，会对台湾经贸带来冲击，希望两岸能够尽快商签货贸等 ECFA 后续协议，请问大陆方面对此持何态度？

马晓光：我们早就表达过，我们对持续推进两岸经济合作制度化建设、推动货贸协议等 ECFA 后续协商的态度是一贯的、积极的，希望继续加强两岸经济合作，并让台湾同胞优先分享大陆市场的机遇。在经济合作与发展过程中，先人一步或许就能抓住更多的机会。而人为的阻挠与干扰，只能丧失更多机会。我们希望两岸共同努力，相向而行，照顾彼此关切，早日达成协议，使两岸民众在 ECFA 早收计划基础上得到更多实实在在的利益。

中央电视台《海峡两岸》记者：第一届台商发展论坛在漳州举行，其中一个主题涉及到台资企业的转型升级问题。请问国台办接下来会不会有一些具体措施帮助台商实现转型升级？

马晓光：实际上我们一直在采取各种措施，来帮助辅导台资企业在大陆实现转型升级。这些措施既包括各地政府和有关方面出台的一系列政策措施，也包括国台办指导全国台企联举办的一系列讲座和辅导活动。这个工作还会持续，而且还会继续加大力度，最终使台资企业能够在大陆得到永续的、健康的发展。

福建厦门卫视记者：暑期马上就要到了，请问发言人，近期包括暑期有哪些重要的两岸交流活动在计划和安排？

马晓光：在两岸关系继续保持和平稳定发展的总体态势下，两岸人员往来和经济、文化各领域交流合作进一步扩大与深化。进入 6 月份以来，有关团体、机构和地方组织的两岸交流活动也进入热季。据了解，除海峡论坛外，国务院台办会同有关方面，于 6 月 8 日至 11 日在上海、杭州、福州等地，举办两岸青年创业就业考察座谈活动，大陆有关地方将与台湾相关考察团交流青年创业就业辅导政策、支持措施和成功案例，探讨两岸青年创业就业经验，促进两岸创业辅导机构交流，推动台湾青年到大陆创业就业。

马晓光：多个地方涉台经贸活动将在7—8月间陆续举办，继重庆台湾周、云台会之后，还将举行第八届津台投资合作洽谈会暨2015天津·台湾名品博览会、第二十一届兰州投资贸易洽谈会、第十四届辽宁台湾周。

马晓光：在文化交流方面，"情系丝路 牵手宁夏"系列活动将于7月7日至16日举行，"两岸校园经典名曲演唱会"将月7月18日在上海唱响。

马晓光：在教育交流方面，全国台联将举办"台胞青年千人夏令营"，海协会将举办"中华文化暑期研习营"、两岸高校传统文化教育研讨会，北京大学、吉林大学将举办暑期学校和研习营，中国教育国际交流协会将举办"两岸青年领袖研习营"。中国科协的"玉山计划"、中国生产力中心的"台湾大学生中关村科技园区见习营"，还将为台湾学生提供在大陆实习的宝贵机会。

马晓光：在体育交流方面，拟于8月1日举行的第七届厦金海峡横渡活动吸引了200余名两岸泳渡选手参加。

马晓光：在旅游交流方面，"华夏文明·薪火相传"台湾中高等院校旅游专业青年学生大陆游学活动将在暑期举行，规模近 500 人。

马晓光：在民间信仰交流方面，6 月 6 日至 17 日，"神农大帝祖庙神尊台湾巡境赐福"活动正在台湾举行，6 月 22 日甘肃天水举办"2015（乙未）年公祭中华人文始祖伏羲大典"。

台湾东森电视台记者：商务部海峡两岸经贸交流协会办事处本月 16 日要在台北挂牌，请问这个办事处的主要功能是什么？对于两岸推动服贸、货贸方面来讲，是不是有一些正面的帮助？谢谢。

马晓光：大陆第二家经贸机构在台设立办事处，是根据 ECFA 协议，在两岸经合会框架下，通过磋商安排的。它的功能、定位都是非常明确的，跟第一家办事处应该说是一致的。我相信，两岸经贸机构互设办事处的进一步增加和扩大，将为联系两岸经贸界人士，开展两岸经贸政策和经贸信息的交流，共同为深化两岸经济合作建言献策，都将发挥重要作用。

福建《海峡导报》记者：海峡论坛希望给两岸的青年搭建一个怎么样的平台？

马晓光：刚才我已经就本届海峡论坛各活动中涉及两岸青年交流和为两岸青年合作搭建平台的有关内容做了介绍。大家可能注意到，一段时间以来，我们高度重视两岸青年的交流，也采取了一些措施，为台湾青年在大陆就学、就业、创业，进一步提供政策上的便利。而且我们也开始着手组织实施两岸青年创业就业的考察活动，为台湾青年到大陆来创业就业搭建更多平台。这样一些努力，加上两岸青年的积极参与，两岸青年交流一定能够上升到一个新的境界。

香港《文汇报》记者：蔡英文在访问华盛顿期间，美国高官接连在办公场所会见蔡英文，对于美国这一行为国台办有何评论？

马晓光：外交部已经就此表明我们的严正立场。我们认为，美方的一些安排是与台海和平稳定和两岸关系和平发展相违背的。美方应该切实恪守一个中国政策和中美三个联合公报原则，坚定反对"台独"，不向"台独"势力发出错误信号，多做有利于两岸关系和平发展的事情。

台湾《旺报》记者：请问发言人，亚投行的章程将在这个月月底公布，在台湾参与的名称和形式方面是不是有更具体的安排？

马晓光：亚投行的章程正在制定，有关细节我不是很了解。不过你可能也注意到，我们多次重申，欢迎台湾以适当名义加入亚投行。在不久前金门举行的"张夏会"上，双方也就此进一步交换了意见。我们相信，通过沟通协商，会妥善处理相关问题。

香港《大公报》、大公网记者："港独"分子陈云日前赴台湾推销其"港独"言论，并与某些"台独"分子勾连。有舆论对"港独""台独"这种合流之势感到忧虑，请问国台办对此有何评论？

马晓光：我们坚决反对任何企图破坏香港政治发展和繁荣稳定、破坏两岸关系和港台关系的言论和行动，这就是我们的态度和立场。

台湾《中国时报》记者：您刚才强调说，反对任何人在国际上从事"台独"分裂活动。请问国台办觉得蔡英文访美期间哪些言行触碰到了大陆的底线？另外，您刚才说蔡英文没有把一些核心问题讲清楚，现在蔡英文没有提到"九二共识"，只是说两岸之间历史名词的问题就继续求同存异。请问大陆能够认同这种言论吗？

马晓光：刚才我已经表达了一个总体的看法。在这里我要强调，"九二共识"是 1992 年海协会和台湾海基会各自受权，经过香港会谈及其后函件往来达成的共识，不能窄化为国共两党的共识。同时"九二共识"绝不是一个抽象概念，也不是一个历史名词，它体现了双方对坚持一个中国原则的基本态度。正是有了这个基本态度，双方才能够求同存异，搁置争议，开展协商。也正是因为有了这样一个基本态度，2008年以来，两岸关系才能在坚持"九二共识"的基础上开创新局面，取得一系列重要进展。和平发展绝不是无源之水，无本之木，动摇了这个基础的核心意涵，就谈不上两岸关系和平稳定发展。所以，民进党需要向两岸同胞做出明确回答，两岸之间是什么关系，两岸关系发展的基础是什么，怎样维护两岸关系和平稳定发展。

福建海峡卫视记者：有数据统计，6年来，陆资赴台投资已经超过了10亿美元，也显示了陆资赴台的很多正面效果。但是两岸的双向投资的确有很多不平等，请问发言人未来两岸是否会就陆资赴台遭受不平等待遇进一步协商呢？

马晓光：促进两岸经济交流合作是我们一贯的态度和立场，大陆企业赴台湾投资也是两岸经济合作一个重要的组成部分。日前张志军主任在金门和夏立言主委会面时，双方都表示要进一步加强两岸经济交流和合作，并为此创造有利条件。所以我们希望，台湾方面本着这一精神，来逐步取消对两岸经济交流合作设置的诸多不合理限制，使两岸经贸关系尽快走向正常化、制度化和自由化。

香港《文汇报》记者：有台商反映，他们非常愿意参与到"一带一路"建设中来，但是却苦于找不到在大陆的对接部门。请问他们应与哪些部门联系？

马晓光：我们欢迎广大台商参与"一带一路"建设，这个态度是明确的，政策也是明确的。现在"一带一路"的愿景和行动纲领已经出台了，有负责的主管部门。如果台商有咨询需求，可以向有关主管部门或者当地主管部门去了解。如果有具体的意愿也可以向国台办反映，我们愿意转达，愿意搭桥牵线。

台湾"中央社"记者：蔡英文没有提"九二共识"，但她在访美的时候讲，民进党如果有机会的话，会继续推进两岸交流，包括两岸事务首长的制度性会谈。发言人对此有何评论？谢谢。

马晓光：我们已经多次讲过，两岸关系和平发展是建立在坚持"九二共识"、反对"台独"的基础上的。国台办与陆委会常态性的联系沟通机制也是建立在认同"九二共识"基础上的。请大家注意这个情况。

《团结报》、团结网记者：我们比较关注陆生的问题。

前段时间，有台湾教育部门相关官员表示，台湾针对陆生的"三限六不"政策可能将逐步取消，只保留两项，请问发言人对此有何评论？

马晓光："三限六不"政策确实是严重地损害了赴台湾就读陆生的权益。我们当然希望台湾方面能够采取实际措施，尽快取消这些不合理的限制，给予陆生在台就读合理的待遇，维护和保障他们应有的权益。

中国台湾网记者：近年来各地陆续设立了一批海峡两岸交流基地，据了解，近期又新设立了一些，请发言人介绍一下这方面的情况。

马晓光：为了创建更多两岸交流合作的平台，中共中央台办、国务院台办今年6月决定，增设6家海峡两岸交流基地，分别是：甘肃省泾川西王母宫、河南省新郑黄帝故里、江苏省无锡灵山、浙江省奉化雪窦山、云南省"国立西南联合大学"博物馆、湖北省秭归屈原故里文化园。截至目前，海峡两岸交流基地已经达到了43家，为两岸同胞在交流往来中回顾历史、品味文化、畅叙亲情提供了更多的选择。

台湾《旺报》记者：有媒体报道，两岸和平论坛今年可能因为选举的因素而取消，请予证实，是否会取消？取消的原因是什么？

马晓光：两岸和平论坛是由 14 家两岸民间团体和学术机构共同发起的。据我向大陆相关单位了解，应台湾主办方的要求，第二届两岸和平论坛拟延期举办，具体时间由双方协商确定。

马晓光：发布会到此结束，谢谢大家。

［发布时间］2015 年 6 月 24 日
［发 布 人］马晓光
［发布地点］国务院台湾事务办公室新闻发布厅

国务院台湾事务办公室
新闻发布会

2015 年 6 月 24 日

6 月 24 日上午 10 时，国台办在新闻发布厅举行例行新闻发布会。发言人马晓光就近期两岸热点问题回答了记者提问。

马晓光：各位记者朋友，大家上午好，今天的新闻发布会现在开始。下面我愿意接受大家的提问。

福建厦门卫视记者：发言人曾介绍第七届海峡论坛更加关注青年发展，突出服务基层，更加紧扣两岸经济发展的趋势。现在论坛已经结束了，请问本届论坛在上述方面取得哪些成果？

马晓光：第七届海峡论坛已于 6 月 19 日落下帷幕，取得了一系列丰硕成果。我分四个方面简要介绍一些政策"干货"：

马晓光：一是出台两岸民众交流往来新举措。俞正声主席在论坛大会上宣布，将对台湾居民来往大陆免予签注，适时实行卡式台胞证。这将为两岸同胞交流往来提供更多便利，受到两岸同胞的热烈欢迎。

马晓光：二是搭建两岸青年就业创业新平台。两岸青年社团、企业家、学生代表超过 1000 人参加了本次论坛举办的各项青年活动。福建省出台了《福建省人民政府关于鼓励和支持台湾青年来闽创业就业的意见》，从 9 个方面对台湾青年来闽创业就业给予支持。全国工商联副主席、红豆集团总裁周海江在论坛大会上宣布设立总额为 1 亿元人民币的"连锁品牌红豆创业基金"，支持台湾青年到大陆创业。共青团福建省委和平潭综合试验区发起成立两岸青年创新创业联盟，共有 186 家两岸青年创业企业入驻，其中有 130 家台湾社团机构签约入驻，涵盖旅游、文创、农业、物联网等多个领域。两岸青年创业创新创客基地在厦门海沧揭牌成立，已有 15 家企业完成注册，27 家企业正在办理注册手续，台湾青年在基地内将享有一系列优惠政策。

马晓光：三是两岸基层民众交流更加深入。福建方面与台湾结成 50 多对同名同宗村联谊关系。今年共有 6 对两岸村里和居委会签约合作，推动两岸社区共治共建；两岸公益组织成立了两岸青少年心理专家智库，建立两岸公益机构重大灾难联动机制。两岸残疾人首次在论坛中举行交流活动，两岸特色庙会参与人数达到 70 万人次。

马晓光：四是拓宽两岸经济合作共赢新渠道。国家食品药品监管总局宣布，台湾已上市 20 年以上的台湾产中药材注册申请的受理和审批，以及台湾产部分第一类医疗器材备案，均委托福建省食品药品监管局实施，以便于台湾中药材和医疗器材进入大陆市场。福建省结合福建自贸区建设，出台一系列促进闽台交流合作的政策措施，如从 2015 年起提高对台湾农民创业园的补助标准。此外，本届海峡论坛期间，还有 25 个科技、经济合作项目签约，20 个茶叶贸易与合作项目签约，11 个两岸影视合作项目签约，两对厦台银行还签订了关于跨境人民币业务的合作协议，推动跨境互联网金融合作。

新华社记者：国民党中常会近日已经通过核备提名洪秀柱为 2016 年台湾"大选"候选人，请问发言人对洪秀柱的两岸论述有何评论？

马晓光：众所周知，我们不介入台湾的选举。2008年以来，两岸双方推动两岸关系开创了和平发展新局面，取得一系列重要成果，关键在于确立了坚持"九二共识"、反对"台独"的共同政治基础，核心是认同大陆和台湾同属一个中国。我们希望在此基础上，继续保持台海局势和平稳定，继续推进两岸关系和平发展。台湾的任何政党和个人，只要反对"台独"、认同"九二共识"，坚持走两岸关系和平发展道路，我们都欢迎。

香港中评社记者：关于将实施台湾居民来往大陆免签注以及年内实施卡式台胞证，岛内有言论称这项政策的目的是使"台湾香港化，台湾居民大陆公民化"，请问发言人对此有何评论？

马晓光：连日来，《国务院关于修改〈中国公民往来台湾地区管理办法〉的决定》、公安部出入境管理局负责人的谈话以及答记者问，已经对台胞来往大陆免予签注和实施卡式台胞证的政策措施以及实施的细则，做了详细明确的说明，大家可以在新华社的相关报道中查阅。两岸同胞是一家人，我们实施这项政策，为的是进一步便利两岸同胞往来，推动两岸同胞之间的交流，是为两岸民众谋福祉，因而也得到两岸民众，特别是广大台湾民众的普遍欢迎，得到台湾主流媒体舆论的高度肯定。

马晓光：我要指出的是，卡式台胞证是对目前5年有效纸质台胞证的电子化改版，"台湾居民来往大陆通行证"这一证件名称没有改变，出入境证件的功能没有改变，有效期仍然是5年。届时台湾居民凭有效卡式台胞证还可以实现自助出入境，来去更加便捷。

马晓光：对于任何有助于两岸同胞交流往来的措施，"台独"政客们都怕得要死，恨得要命，然而他们那些歪曲基本事实的误导性言论也太低估了台湾民众的判断力，因此是不值一驳，甚至是不值一哂的。

台湾东森电视台记者：大陆方面已经提出会邀请部分国民党老兵来参加9月3日阅兵。请问国民党老兵是指在大陆的国民党老兵，还是泛指包括在台湾的国民党老兵？台湾有一些退役将领可能也会来参加，但是台湾军方开始柔性劝阻，希望他们不要来，国台办怎么看？

马晓光：昨天在国新办举办的新闻发布会上，有关部门负责人已经就大陆方面举行纪念抗日战争胜利暨世界反法西斯战争胜利70周年有关活动的安排向大家做了介绍。国台办已多次指出并强调，抗日战争的胜利是全民族的伟大胜利，无论是敌后战场还是正面战场都发挥了重要作用。在新的历史条件下，希望两岸同胞通过共同纪念抗战胜利、缅怀先烈、牢记历史，继承抗战精神，维护抗战成果，团结一致、携手同心，共同致力于两岸关系和平发展和中华民族的伟大复兴。至于一些相关活动的具体安排，待确定后会适时向大家宣布。

中国国际广播电台记者：截至本月底，《海峡两岸经济合作框架协议》（ECFA）签署即将满 5 年了，请发言人介绍一下，5 年来取得的成果如何？

马晓光：ECFA 签署 5 年来，在货物贸易早期收获、服务贸易早期收获、投资保护与促进、产业合作、海关合作、中小企业合作、经贸社团互设办事机构及后续协议商签方面取得了积极进展，为两岸同胞带来了实实在在的好处，为两岸的经济合作也带来了互利双赢的效果。

马晓光：ECFA 货贸协议的早收产品从 2013 年 1 月 1 日开始已经全部降为零关税。截至 2015 年 3 月底，大陆累计自台湾进口享受 ECFA 关税优惠货物 380 亿美元，减免关税 141.5 亿元人民币。据台湾海关统计，大陆累计向台湾出口享受 ECFA 关税优惠货物 64.7 亿美元，享受关税优惠 72.8 亿元新台币（约合 2.4 亿美元）。台湾共有 46 家金融企业和 321 家非金融企业利用早期收获优惠政策在大陆提供服务，大陆 3 家金融企业和 141 家非金融企业利用早期收获优惠政策在台湾提供服务。两岸经合会产业合作工作小组下设汽车、无线城市、冷链物流、显示、LED 照明、纺织、医药、电子商务等 8 个产业分组，推进试点项目和重大项目合作。两岸海关电子信息交换系统上线运行，两岸货物通关效率大幅提高。两岸海关还共同解决了部分因第三方贸易无法适用 ECFA 优惠税率的情况，使更多经营者享受到 ECFA 带来的利益。2011 年以来，台湾早收清单项下货品对大陆出口值逐年增加，出口成长率均大幅高于整体货物出口成长率。其中，石化业、纺织业和机械制造业早收清单产品对大陆出口维持了增长，主要农产品对大陆出口增幅巨大。

马晓光：目前，在 ECFA 后续协议中，双方已经签署了两岸投资保护和促进协议、两岸海关合作协议、两岸服务贸易协议，两岸货贸和争端解决协议商谈也在不同程度上取得了进展。我们希望双方共同努力，相向而行，尽快完成已签署协议的生效程序和各项后续协议的商谈，为两岸同胞创造更多的互利合作的发展机会。

福建《海峡导报》记者：上个月"张夏会"中，国台办主任张志军和台湾陆委会主委夏立言达成八项共识，其中包括了"陆客中转"相关议题，请问目前进展情况如何？

马晓光：目前，海协会和海基会正在就"大陆居民经台湾中转及进一步便利两岸同胞往来议题"在台北进行商谈。我们希望双方能够在两岸事务主管部门负责人会面达成共识的基础上，相向而行，推动这项议题商谈早日取得进展。

新华社记者：张志军主任和夏立言主委达成共识中，还包括尽早启动两会领导人第十一次会谈，以及启动福建向金门供水，请介绍这两项议题的进展。

马晓光：关于两会领导人第十一次会谈，双方一直保持着密切的联系和沟通，已经在就有关议题进行积极的准备。希望两会共同努力，取得成果，做出安排，争取尽早举行第十一次会谈，并签署新的协议。

马晓光：关于金门供水的问题。张主任在赴金门参访期间，实地考察了金门供水工程受水点，也就是田埔水库，表明大陆将以"同是一家人，共饮一江水"的态度和诚意来推动这项工作。据了解，双方业主单位将在履行各自程序后举行下一轮磋商，争取尽早签署供水合同，推进工程建设早日开工。

香港《文汇报》记者：近日，马英九表示，对于两岸互设办事机构，大陆持防备的态度，担心台湾有政治企图。您对此做何评论？

马晓光：两会互设办事机构商谈启动两年多来已经取得重要进展，双方在办事机构宗旨、定位、主要职能等方面达成基本共识，在协议文本的主要内容方面也取得了较多的成果。我们还是秉持一贯的态度，希望双方持续进行积极沟通，朝着尽快完成协商的目标迈进。

台湾三立电视台记者：想请教发言人，您刚才提到了卡式台胞证是 5 年有效纸质台胞证的改版，名称是没有改变的，我想进一步询问，在功能上是不是有更便民的附加功能，和以前功能上的差异性在哪儿？

马晓光：建议专业问题还是向具体实施部门请教。就我的理解而言，相比纸质，它更便于携带，将来还可以自助通关。当然，我也注意到公安部门的负责人在发言中指出，这种卡式证件的设计是参照现在流行的国际标准，应该说是符合当今旅行证件发展趋势和相应功能的。

台湾《旺报》记者：对俞正声主席宣布将对台胞免签注及适时推出卡式台胞证，台湾陆委会的反应有点措手不及，是不是国台办与陆委会的联系沟通机制出现了什么问题？

马晓光：为两岸同胞往来提供便利，这是我们一贯的政策主张，而且多年来我们为此陆续出台了一系列积极措施。根据广大台湾同胞的意愿和要求，日前我们宣布实施这项政策，相信将为台湾同胞来往大陆和两岸同胞交流往来提供更大便利，也有利于两岸同胞越走越近、越走越亲。同时，我们也希望双方相向而行，让两岸同胞往来更加顺畅，更加便捷。

中国网记者：9月3日前后将会举行港澳台同胞、海外有关人士纪念抗战胜利座谈会，围绕中国人民抗日战争和世界反法西斯战争的一些重大问题举行国际学术研讨会，想请问发言人，国台办这边是否会举行相关的研讨会，大概会在什么时间启动？

马晓光：据我了解，你所讲的有关活动的筹备工作正在进行，有了确定消息我们会适时宣布。有一点是肯定的，我们欢迎广大台湾民众、各界人士包括参与过抗战的老兵和他们的亲属后代来大陆参加相关的纪念活动。

马晓光：发布会到此结束，谢谢大家。

[发布时间] 2015 年 9 月 16 日
[发 布 人] 马晓光
[发布地点] 国务院台湾事务办公室新闻发布厅

国务院台湾事务办公室
新闻发布会

2015 年 9 月 16 日

9 月 16 日上午 10 时，国台办在新闻发布厅举行例行新闻发布会。发言人马晓光就近期两岸热点问题回答了记者提问。

马晓光：各位媒体朋友，大家上午好！经过了一个暑假，久违了。今天的新闻发布会由我来主持，先向大家表达问候。下面我愿意接受大家的提问。

新华社记者：大陆方面从 7 月 1 日开始对台湾同胞往来大陆实行免签注，公安部昨天发布公告，将全面实施卡式台胞证，请发言人介绍相关情况。

马晓光：9月15日，公安部门发布公告，将于9月21日起全面实行卡式台胞证，县级以上公安机关开始受理申请，同时停止签发本式台胞证。各地公安机关可为在大陆的台湾居民补发、换发5年有效卡式台胞证。仍然有效的本式台胞证可以继续使用，无须办理签注，持证人也可申请换发卡式台胞证。此外，设有办证机构的口岸将继续为未持有效台胞证直抵口岸的台湾居民提供办理一次性有效台胞证服务。全面实行卡式台胞证后，相信台湾居民来往大陆将更加便利，在大陆停留、居留更加方便。同时我们也相信，这一便利两岸同胞往来的举措将在未来两岸关系发展中产生深远的影响。

中央电视台《海峡两岸》记者：请问发言人，今年以来两岸交流持续热络，请问在未来一段时间两岸之间会有哪些重要的交流活动？

马晓光：目前，两岸交流保持良好发展势头，各领域交流活动蓬勃开展。据了解，9月将举办湖北武汉台湾周、海峡两岸信息产业和技术标准论坛、西部海峡两岸经贸合作交流会、桂台经贸文化合作论坛、第八届海峡两岸合唱节，还将在刘铭传故乡安徽省合肥市举办"海峡两岸纪念刘铭传首任台湾巡抚130周年"系列纪念活动，两岸各界人士将共同缅怀这位为捍卫民族尊严、维护国家领土完整和建设台湾做出杰出贡献的先贤志士。

马晓光：进入 10 月份，还将举办湘台经贸交流合作会、2015 年两岸汉字艺术节、第八届海峡两岸（厦门）文化产业博览交易会，还有青少年喜爱的海峡棒球交流赛，两岸科技服务业发展合作论坛、2015 津台高等教育高峰论坛，以及第四届世界客商大会等活动。

台湾中天电视台记者：想请教习主席即将和美国总统奥巴马见面，不知道在"习奥会"上会不会谈到台湾问题，在台湾问题方面会不会释放更多讯息？有没有可能出现第四份联合公报？

马晓光：台湾问题是中美关系中最重要、最敏感的问题。我们相信，中美两国元首会就双方关切的重要议题交换意见。

台湾东森电视台记者：连战来大陆参加 9 月 3 日阅兵，回到台湾后却遭到台湾各界的批评，国台办对于这样的事情有什么看法？

马晓光：9 月 4 日国台办发言人已就台湾各界人士参加中国人民抗日战争暨世界反法西斯战争胜利 70 周年纪念活动的相关事宜发表了谈话，清楚地表明了我们的立场和态度。在这里，我还要指出，抗日战争的胜利是中华民族大团结的胜利。这是最基本的、不可否认的事实。两岸同胞应该从全民族利益高度来铭记历史教训，弘扬抗战精神和民族浩气，珍惜得来不易的两岸关系成果。在坚持"九二共识"、反对"台独"的共同政治基础上持续推动两岸关系和平发展，致力于中华民族的伟大复兴。这才是两岸纪念抗战胜利活动的题中应有之义。

马晓光：诚然，两岸同胞对抗战历史的评价等问题还存在分歧。这分歧由来已久，而且大家都不能否认，随着这些年来两岸关系和平发展，这些分歧在缩小，相互的交集在扩大。双方完全可以妥善管控好这些分歧，特别是不应该使之对两岸关系和平发展的进程和氛围造成不必要的影响。任何扩大和强化分歧的做法都是无益的，也是不明智的。

马晓光：特别需要引起两岸同胞警惕的是，"台独"势力企图否定中华民族的抗战成果，抹杀台湾同胞为反抗日本殖民统治和抗日战争胜利做出的重要贡献，挑拨两岸同胞感情，破坏两岸关系和平发展。遏制"台独"史观蔓延，遏制"台独"分裂图谋，这是两岸所有负责任的政党和政治人物应该首先承担起的历史责任。

马晓光：70年前，全体中华儿女不分党派，众志成城，共御外侮，谱写了全民族抗战的壮丽诗篇。我们完全有理由相信，70 年后，随着两岸关系的改善和发展，两岸同胞终究可以克服偏见和分歧，共同开创两岸关系和平发展的新局面，共同开创中华民族伟大复兴的美好前景。

香港中评社记者：如果失去"九二共识"的共同政治基础，双方两岸事务主管部门的联系沟通机制，以及海协会与海基会之间的商谈机制还能继续保持下去吗？

马晓光：我们多次指出，两岸关系和平发展的成果不是从天上掉下来的，是建立在两岸双方认同坚持"九二共识"、反对"台独"这一共同政治基础之上的。2008 年 5 月，海协会和台湾海基会互致函电，同意在"九二共识"基础上恢复两会交往和协商谈判。2014 年 2 月，国台办、陆委会也是在"九二共识"基础上建立了两部门之间常态化的联系沟通机制。如果没有了"九二共识"这一共同的政治基础，在这个基础上建立的政治互信以及相关制度化协商机制就会坍塌。

福建海峡卫视记者：台湾登革热疫情持续升温，对大陆游客赴台游有什么影响？大陆将采取什么措施共同防止疫情蔓延？第二个问题，有媒体报道，李登辉昨日在新书《新·台湾的主张》发表会上声称，他从未主张

"台湾独立"，因为台湾已经"实质独立"了，请问发言人对此有何评论？

马晓光：第一个问题，我们也注意到在台湾南部爆发了严重的登革热疫情，感染人数已接近万人，死亡数十人。国家旅游局已经发布了旅游提示，这是为了维护正常的两岸交往秩序，维护大陆游客的切身权益。两岸通过医药卫生合作协议，已经建立起了有关重大疫情信息的相互通报机制。如果必要，这个机制会启动，在共同防疫上发挥作用。

马晓光：第二个问题，李登辉近期的一系列言行充分暴露了他错乱的历史观、可耻的殖民奴化心态以及顽固坚持"台独"主张、破坏两岸关系发展、离间两岸同胞感情的险恶用心，已经引起了两岸同胞的强烈愤慨。历史已经并将继续证明，出卖民族利益者绝无好下场，终究会被钉在历史的耻辱柱上。

台湾《旺报》记者：今天台湾有一个主流媒体发布了两岸关系的民调，其中问到对两岸关系的看法，结果"永远维持现状"创下了近几年来的新高。发言人如何解读这样的民调结果？

马晓光：台湾的民调各种各样，我们从不对具体民调进行评论。我们看到的是，支持两岸关系和平发展依然是台湾的主流民意。我们也相信，只要坚持"九二共识"、反对"台独"，两岸关系和平发展的道路就会越走越宽广。

台湾《中国时报》记者：目前关于"张夏会"的时间安排，实际进程是怎样的？陈德铭会长下半年访台行程准备得怎么样了？第二个问题，既然台湾问题是"习奥会"的重要议题，是不是有可能习近平主席会在"习奥会"上要求奥巴马总统对台湾问题做一步强硬的表态？

马晓光：第二个问题，我刚才已经做了回答。外交部会持续向大家通报习近平主席访问美国的相关消息，请你留意。

马晓光：第一个问题。关于双方两岸事务主管部门负责人会面事宜，双方正在进行沟通，商定后会及时发布。有关陈德铭会长率海协会经贸科技交流团赴台访问事宜，这是根据两会年度交流互访规划安排的，具体的时间和行程两会正在沟通安排。

福建《海峡导报》记者：民进党主席蔡英文日前表示，民进党如果未来执政绝对不会减少陆客赴台的数量，请问国台办对此如何评价？

马晓光：只有坚持"九二共识"、反对"台独"，两岸关系才能保持和平稳定发展。

中新社记者：台湾有个别人称两岸租税协议将使在大陆的台湾劳工被追究逃漏税问题，并且台湾有关部门给大陆提供劳工资料，也将让他们的利益受到损害，请发言人予以说明。

马晓光：这纯粹是无稽之谈。签署《海峡两岸避免双重课税及加强税务合作协议》，目的就是要防范和消除重复征税，维护纳税人的合法权益，进一步密切两岸经贸往来。

马晓光：关于资讯交换问题，两岸税收协议参照税务合作的通行惯例，并且着重照顾台湾民众关切，规定了资讯交换不溯及既往、只就具体个案提供信息、所交换信息不用于税收以外其他用途等。大陆税务主管部门将按照上述规定与台方开展资讯交换工作。我想，谣言止于智者，所以澄清是十分必要的。

台湾 TVBS 电视台记者：下一次"张夏会"能就"陆客中转"达成共识吗？

马晓光：关于"陆客中转"与进一步便利两岸同胞往来本来就是这个议题的完整内容。双方应当相向而行，共同努力，早日达成共识，做出安排。

台湾"中央社"记者：民进党主席蔡英文有可能会率领民进党籍的一些公职人员参加台湾"双十节"庆典，

您觉得她这样一个动作有没有象征性的意义？

马晓光：我注意到台湾的舆论对此有蛮多的疑问，你最好还是问当事人。

《团结报》、团结网记者：近日福州新区成立，请问发言人，这对两岸交流，尤其是两岸经济交流会产生怎样的作用？

马晓光：近日，国务院批准设立福州新区，赋予它很多重要功能，其中一项是要求把福州新区建设成两岸交流合作的重要承载区。海峡两岸对此都十分关注。国台办将按照国务院要求，予以积极支持，配合有关部门推动落实相关政策措施。

台湾东森电视台记者：民进党主席蔡英文一直在两岸关系上说她如果未来当选，还是会"维持现状"，绝口不提"九二共识"。刚刚发言人提到如果两岸没有"九二共识"的话，很多东西都会坍塌。大陆会认同"维持现状"等同承认"九二共识"吗？

马晓光：维护两岸关系和平发展，关键是要坚持"九二共识"的政治基础，核心是认同大陆和台湾同属一个中国。坚持这一政治基础，两岸关系就可以破浪前行，不会迷航，否则，两岸关系难免偏离航向，风雨飘摇，甚至触礁搁浅。所以"九二共识"在两岸关系和平发展中具有基础性的地位，决定了两岸关系的两条道路和两种前景。在这一根本性问题上，任何负责任的政党都必须做出明确回答。

马晓光：发布会到此结束，谢谢大家。

［发布时间］2015 年 9 月 30 日
［发 布 人］马晓光
［发布地点］国务院台湾事务办公室新闻发布厅

国务院台湾事务办公室
新闻发布会

2015 年 9 月 30 日

9 月 30 日上午 10 时，国台办在新闻发布厅举行例行新闻发布会。发言人马晓光就近期两岸热点问题回答了记者提问。

马晓光：各位记者朋友，大家上午好。今天的发布会由我来主持，下面我愿接受大家的提问。

新华社记者：请您介绍一下最近举行的两岸货物贸易协议第十一次业务沟通的有关情况。

马晓光：9 月 28 日至 29 日，两岸货物贸易协议第十一次业务沟通在北京举行。此次沟通双方再次确认商谈总体目标和降税安排，就各自关切事项进行充分沟通，并围绕市场开放协商原则进一步交换意见。双方均表达了加速推动货贸协议后续商谈、盼能今年年底完成的积极态度。双方还表示，将继续推进后续工作，尽快举行下一轮协商。我们希望双方共同努力，相向而行，在互惠互利基础上持续推进两岸经济合作制度化建设，争取早日达成货贸协议，增进两岸民众和业者的福祉。

台湾中天电视台记者：卡式台胞证在台湾引起争议，陆委会说大陆全面实施卡式台胞证，没有事先充分告知台湾方面。请问国台办如何回应？

马晓光：实施卡式台胞证是我们应广大台湾同胞的愿望和要求，依据台湾居民往来大陆的相关管理规定而采取的进一步便利台湾同胞的积极措施。从 6 月下旬以来，有关主管部门和国台办已通过多种方式做出详细、充分的说明。我愿再次重申，卡式台胞证是对目前 5 年有效纸质台胞证的电子化改版，"台湾居民来往大陆通行证"这一证件名称没有改变，出入境证件的功能没有改变，个人信息登记内容没有增加，有效期依然是 5 年，而且台湾居民凭借卡式证还可以实现自助出入境，进一步方便了持证者携带与保管。对于这样一项便民、利民的积极举措，两岸双方都应该乐观其成。

福建《海峡导报》记者：海峡两岸文博会在厦门已经举办了七届，请教一下发言人，第八届海峡两岸文博会有什么新特点？目前筹备情况如何？

　　马晓光：海峡两岸文化产业博览会由国务院台办、文化部、新闻出版广电总局主办，福建省人民政府、厦门市人民政府和台湾亚太文化创意产业协会承办，2008年以来已经举办了八次。今年的文博会定于10月30日至11月2日在厦门国际会议展览中心举办。据了解，本届文博会将继续秉承"弘扬中华文化，推动两岸文化市场融合"的宗旨，继续发挥海峡两岸文化产业对接的重要平台的积极作用。有关筹备工作，厦门市方面正在紧锣密鼓地进行。我们乐见本届文博会在两岸文化产业的交流合作方面取得新成果。

　　台湾《联合报》记者：请问现在有多少台湾民众已经开始使用卡式台胞证？事前有没有透过国台办和陆委会的制度化联系管道，跟陆委会沟通过？

　　马晓光：第一个问题，据了解，从7月6日启动试点工作，一直到9月29日，有关部门共签发卡式台胞证23.8万张。第二个问题，刚才我已经回答过了，我们通过多种方式，多次做出过说明，请参照台湾有关部门的表态，应该能够得出清晰的答案。

福建海峡卫视记者：两岸"飞安协议""租税协议"已经签署满月了，但仍未生效，是否会重蹈服贸协议的覆辙呢？对此发言人有何评论？第二个问题是超强台风"杜鹃"对航班、台铁、高铁等交通都造成了很大影响，请问发言人这是否会影响"十一黄金周"大陆游客赴台游？

马晓光：在两会第十一次会谈中，双方签署了《海峡两岸避免双重课税及加强税务合作协议》《海峡两岸民航飞行安全与适航合作协议》。根据协议规定，双方在各自完成相关程序之后，协议正式生效实施。据了解，目前双方还在各自走程序。当然，我们希望这个协议能够顺利地完成相关程序，尽快生效实施，以发挥密切两岸交流合作、造福两岸民众的积极作用。

马晓光：第二个问题，我们注意到这次台风给台湾造成了不小的损失，在此表达关切和慰问。至于说会不会影响"十一黄金周"大陆游客赴台旅游，请向主管部门询问。

台湾《旺报》记者："习奥会"期间，奥巴马总统重申了基于"美中三公报"及"台湾关系法"的"一中"政策，不晓得大陆怎么看美方的这次表态。第二个问题是蔡英文最近推出"新南向政策"，有解读说，她是有意减少对大陆市场的依赖，大陆怎么看？如未来推动，是不是会对两岸关系造成影响？

马晓光：第一个问题，9 月 25 日国家主席习近平在华盛顿同美国总统奥巴马进行了会谈。习近平主席强调，中华民族对事关中国主权和领土完整问题高度敏感。希望美方恪守有关承诺，不支持任何旨在损害中国统一和稳定的行动。奥巴马总统重申，美国坚持一个中国政策，恪守中美三个联合公报原则，这一立场不会改变。他还强调，美国不支持"台独"。中美两国元首重新确认双方在对待和处理台湾问题上的有关立场和态度，有助于国际社会巩固和强化一个中国的格局，也说明了"台独"在国际上没有任何空间。

马晓光：第二个问题，对于这种假设性的说法，我们原则上不做评论。但是大家要知道，所谓"南向政策"也不是什么新东西。当年效果如何，台湾社会已有公论。

中国国际广播电台记者：民进党主席蔡英文计划于 10 月访问日本，请问对此有何评论？

马晓光：外交部已经表明了我们的严正立场。我们坚决反对任何人以任何形式在国际上从事"台独"分裂活动、破坏和挑衅两岸关系。

香港中评社记者：蔡英文近日回应奥巴马在台湾问

题上的表态时说，美国所讲的是自己的"一中"政策，请问发言人对此有何评论？美国所讲的"一中"政策和中国的"一中"政策是否一致呢？

马晓光：刚才我已经讲了，中美两国领导人重申并确认在台湾问题上的立场和态度，有助于国际社会巩固一个中国的格局。国际社会普遍奉行一个中国的政策，以一中原则来处理涉台事务，"台独"在国际上没有任何空间，同时也不允许"台独"势力以任何形式破坏和割裂中国的主权与领土完整。我想这是最重要的。

中央电视台记者：大陆实施卡式台胞证，在台湾似乎引起了一些质疑和炒作，有台湾舆论认为大陆对台工作思路似乎已经产生了变化，请问发言人对此做何评论？

马晓光：我们推进两岸关系和平发展，为两岸同胞谋福祉的方针政策是一贯的、明确的，没有改变。对台湾居民来往大陆免签注以及实施卡式台胞证这项举措，受到台湾民众的普遍欢迎。我们了解到，广大台胞的反映都是积极正面的。至于个别势力出于阻挠两岸民众交流的目的，对此进行负面炒作，是不得人心的，也是难以得逞的。

中新社记者：第一个问题，备受各界关注的双方两岸事务主管部门负责人第四次会面是否有时间表？第二个问题，下月 25 日是台湾光复 70 周年，请问大陆方面是否会举办有关纪念活动？

马晓光：夏立言主委来访以及与张志军主任会面事，双方正在沟通安排中，应该很快就会有消息。双方两岸事务主管部门和负责人在"九二共识"的基础上，保持联系往来和交流沟通，有助于增进相互理解，增强互信，持续推动两岸交流合作，共同维护两岸关系和平发展大局。届时，双方会就推进两岸关系发展等问题交换意见。

马晓光：第二个问题，今年是中国人民抗日战争暨世界反法西斯战争胜利 70 周年，也是台湾光复 70 周年，包括台湾同胞在内的两岸同胞和全体中华儿女经过浴血奋战，不仅赢得了抗战的胜利，也使台湾摆脱了日本殖民统治，重新回到祖国的怀抱。届时大陆有关部门会举行纪念台湾光复 70 周年的相关活动。

马晓光：感谢大家的支持，今天的发布会到此结束。预祝大家节日愉快！谢谢。

［发布时间］2015 年 10 月 28 日
［发 布 人］安峰山
［发布地点］国务院台湾事务办公室新闻发布厅

国务院台湾事务办公室
新闻发布会

2015 年 10 月 28 日

10 月 28 日上午 10 时，国台办在新闻发布厅举行例行新闻发布会。新任发言人安峰山就近期两岸热点问题回答了记者提问。

安峰山：各位记者朋友，大家上午好，欢迎大家参加国务院台办新闻发布会。今天的发布会由我来主持。先向大家做一个自我介绍，我叫安峰山，现任国务院台办新闻局副局长。今天是我第一次走上新闻发布台，但因为长期在新闻局工作，实际上与各位记者朋友也是相识多年的老朋友。希望今后能够在新的工作岗位上与大家加强沟通交流，认真做好新闻发布工作。首先，向大家发布一则消息。

安峰山：2015 两岸企业家紫金山峰会将于 11 月 3 日至 4 日在南京召开。这是两岸企业家峰会社团成立以后举办的第三次年会，主题是"创新合作模式，促进产业融合"。中共中央政治局常委、全国政协主席俞正声将出席峰会并致辞。两岸企业领袖、工商团体负责人、中小企业家及财经学者共计 850 多人将与会。

安峰山：本届峰会将突出中小企业、青年和基层民众这一重点，引导两岸企业携手参与"一带一路"建设，推动两岸中小企业和青年加快创新创业步伐。峰会 7 个产业合作推进小组，即：宏观经济小组、能源石化装备小组、金融小组、信息家电小组、成长型和中小企业小组、文化创意小组、生物科技与健康照护小组，届时将举办专题论坛或分论坛，就深化两岸产业合作交换意见，提出建议，推进合作。

安峰山：下面，欢迎大家提问。

福建厦门卫视记者：鼓励台湾青年到大陆创业就业的现场交流会日前在厦门举行，并且设立了 12 家海峡两岸青年创业基地，请您介绍一下相关情况。

安峰山：在大陆"大众创业、万众创新"大潮中，各地和企业、园区发挥自身特色和优势，积极创造条件，相继出台支持和鼓励台湾青年来大陆就业创业的政策措施，搭建了一批有特色、条件相对成熟的两岸青年创业就业平台。为推广这些积极做法，进一步总结经验，促进交流，10月15日至16日在福建厦门召开了鼓励台湾青年来大陆就业创业工作交流会，北京、天津、上海、江苏、广东等14省市台办和海峡两岸青年创业基地负责人与会。会议期间，国务院台办为12家海峡两岸青年创业基地授牌。

安峰山：这12家海峡两岸青年创业基地分别设在：北京中关村创业大街、上海市金山工业区、上海和辉光电有限公司、江苏南京市麒麟两岸中小企业创新园、昆山两岸青年创业园、浙江温州台湾青年就业创业服务中心、浙江杭州云栖小镇、福建福州海峡创意产业园、福建厦门两岸青年创业创新创客基地、福建厦门一品威客创客空间、湖北东西湖区台湾青年创业基地和广东东莞松山湖台湾高科技园。

福建《海峡导报》记者：有媒体报道，海协会陈德铭会长将于11月上旬访台，能否请发言人介绍一下此次陈会长访台的主要行程、主题和相关的内容。第二个问题是，25日是台湾光复70周年纪念日，两岸都举办了不同形式的纪念活动，请问发言人，在当前的新形势下，您认为两岸共同纪念台湾光复有着什么样的意义？

安峰山：第一个问题。按照两会今年高层交流互访规划，陈德铭会长年内将率海协会经贸科技交流团赴台参访，考察台湾有关县市有代表性文创、科技园区和企业，与台重要工商团体、协会、在台陆资企业、青年创客机构和养老机构座谈交流。具体时间和行程两会在沟通中，目前尚未确定。

安峰山：第二个问题。今年 10 月 25 日是台湾光复 70 周年。为纪念这一重要历史时刻，大陆有关部门举办了一系列纪念活动，对于两岸同胞共同铭记历史教训，缅怀先烈功勋，弘扬抗战精神，共谋和平发展，同心致力于实现中华民族伟大复兴具有重要意义。台湾光复是两岸同胞共同奋斗的胜利成果。这段历史表明，两岸同胞不管经历过多少艰难困苦，也不论有多长时间的隔绝分离，没有任何力量能把我们分开，因为我们始终是一家人。当前两岸关系发展处于重要节点，两岸同胞应当坚持共同政治基础，坚定走两岸关系和平发展道路，绝不能让来之不易的台海和平和两岸关系和平发展成果得而复失。

台湾中天电视台记者：请问国民党 2016 "大选"参

选人朱立伦即将在 11 月上旬访问美国，对于他的美国之行和他提出的两岸政策是基于"九二共识、一中各表"，请做出评价。

安峰山：我们对台湾同外国往来的立场是一贯和明确的。希望有关国家按照一个中国原则妥善处理相关事宜。

新华社记者：国务院台办主任张志军与台湾方面陆委会主委夏立言 14 日在广州会面，达成多项共识，此次会见临近台湾"大选"，两岸关系面临道路选择的重要节点，请问发言人对此有何评价？

安峰山：国台办与台湾陆委会在坚持"九二共识"的基础上，建立起了常态化的联系沟通机制。两部门的负责人互访及会面沟通，是这一机制的一个重要内容。我们要强调的是，坚持"九二共识"是两部门建立常态化联系沟通机制的重要基础，也是该机制正常运作的必要条件，因此我们希望两岸双方在这一共同基础上，继续推进两岸关系和平发展。

中央电视台《海峡两岸》记者：近来蔡英文称，关于台湾光复，人们有两种感受，一种是民族自豪和自信，另外一种是随时代浮沉的记忆，她说双方应承认分歧，相互理解和包容，您怎么看？

安峰山：台湾光复是包括台湾同胞在内的全体中华儿女赢得抗日战争胜利的成果，是中华民族的自豪与荣耀。你刚才提到的那种论调，其所要"理解和包容"的不过是与历史事实相违背的"台独"史观而已。

台湾《中国时报》记者：民进党主席蔡英文日前访问日本，据传她会晤了日本首相安倍晋三。请问发言人对蔡英文此次访问评价如何？

安峰山：关于此事，外交部已表达了我们的严正立场。我们坚决反对任何人以任何方式在国际上从事"台独"分裂活动、破坏和挑衅两岸关系。

中国国际广播电台记者：也是有关抗战纪念70周年的。日前台湾中华民族抗日战争纪念协会在台北成立了，据介绍协会将积极与大陆有关方面合作共建抗战博物馆，对此发言人有何评论？

安峰山：我不了解您刚才提到的这个情况。抗战胜利是我们中华民族全民族团结奋战的成果。我们纪念抗战胜利70周年，目的是为了铭记历史教训、缅怀先烈的功勋、弘扬抗战精神，共谋和平发展。希望两岸双方在坚持"九二共识"的共同政治基础上，加强交流沟通，化解偏见和分歧，共谋两岸关系和平发展。

香港中评社记者：请问发言人，大陆对于台湾希望加入亚投行持何态度？在此方面有没有取得一些进展，此外这个月海协会会长陈德铭率领台商"一带一路"考察团赴陕西等地考察，请发言人介绍相关情况。

安峰山：我们已经多次表达了欢迎台湾方面加入亚投行的态度，乐见亚投行按照其协定来处理台湾方面加入的问题。两岸继续保持沟通，有助于更好地解决相关问题。

安峰山：第二个问题，10月16日至22日，海协会会长陈德铭率"一带一路"台商西部行考察团赴陕、甘、宁考察。全国台企联负责人和近30名台协会长、台商代表参加。通过实地考察，台商们对西部经济社会发展情况、资源和生产要素成本优势等，借由"一带一路"发展战略带来的巨大潜力和市场空间有了较深入的了解。国台办、海协会将继续帮助广大台商朋友更好地了解"一带一路"战略，共寻转型商机、共享发展机遇。

福建海峡卫视记者：国民党2016选举由朱立伦代替洪秀柱参选，请问国台办对朱立伦的两岸政策是怎么看的？

安峰山：我们不介入、不评论台湾的选举。就两岸关系而言，从2005年，特别是2008年以来，国共两党在坚持"九二共识"、反对"台独"的共同政治基础上，推动两党关系和两岸关系取得了重要积极的进展。当前两岸关系再次处于一个重要的节点，希望两党继续在这一共同的政治基础上，巩固和增进政治互信，坚持两岸关系和平发展的正确方向，为维护台海局势的和平稳定，造福两岸民众，继续不懈努力。

台湾《联合报》记者：第一个问题，最近一段时间，台湾盛传大陆有关部门将在年底台湾选举前减少陆客到台湾旅游，请证实。如果有的话，减少的比例是多少？第二个问题，关于国台办反腐的问题，最近中央第五巡视组公布了一些情况，不知道这个会不会影响到两岸交往或者大陆对台工作？

安峰山：关于您的第一个问题，有关陆客赴台减少的问题，国台办发言人在广州"张夏会"之后举行的记者会上已经就此做了说明。因为当前台湾局势处于一个特殊敏感的时期，社会气氛高度政治化，大陆组团社也会考虑他们自身的利益，赴台的游客也会考虑旅游环境和他们的自身权益。从以往的情况看，这些情况对大陆游客赴台旅游的意愿都会有不同程度的影响。我们也希望大陆居民赴台旅游健康有序的发展环境能够得到维护，大陆游客的权益也能够得到重视和保障。

安峰山：第二个问题，按照中央统一部署，中央第五巡视组于 2015 年 6 月 30 日至 8 月 30 日对中央台办进行了专项巡视。10 月 19 日，巡视组向中央台办反馈了巡视情况，指出了党风廉政建设方面存在的问题，并提出了整改要求。有关情况已向社会公布。中央台办对巡视组反馈的意见高度重视，将以此次专项巡视为契机，切实按照中央巡视组反馈的问题和提出的整改意见，从全面从严治党的政治高度，认真完成好各项整改任务，坚定不移地推进党风廉政建设和反腐败斗争，使整改工作成为进一步加强队伍建设、推进对台工作的重要动力，为两岸关系和平发展做出贡献。

台湾东森电视台记者：台湾目前正在积极争取加入 TPP 第二轮会员，台湾"经济部长"表示假如 12 个会员国同意，还要看大陆方面的态度，请教对此有何评论？

安峰山：关于台湾希望参与区域经济合作问题，我们已经多次表明了我们的立场和态度。

《新京报》记者：台湾方面 27 日发布 2015 年军力报告书，称大陆拟于 2020 年前具备攻台的战力，请问对此有何回应？

安峰山：两岸关系和平发展有利于维护台海地区和平稳定，也符合两岸同胞的根本利益。在两岸关系和平发展的新形势下，炒作所谓大陆对台军事威胁或者大陆军力问题，既不符合事实，也不利于两岸的政治互信，更不符合两岸同胞希望两岸关系和平发展的共同愿望。

《人民日报·海外版》记者：两岸纪念台湾光复，民进党方面却极力回避，并炒作《旧金山和约》中所谓的"台湾地位未定论"，为"台独"寻求所谓的国际法理依据，您对此怎么看？

安峰山：我刚才已经讲过，台湾光复是包括台湾同胞在内的全体中华儿女赢得抗战胜利的成果，也是我们中华民族的自豪与荣耀。"台独"分子任何妄图否定台湾是中国一部分的图谋都是徒劳的。

台湾 TVBS 电视台记者：十八届五中全会正在召开，重点是研究下一阶段的经济发展"十三五"规划，这部分台湾方面十分关注。请问发言人，这对未来两岸经济合作会有哪些影响？

安峰山：10 月 26 日到 29 日，中国共产党第十八届中央委员会第五次全体会议在北京召开。本次全会将研究关于制定国民经济和社会发展第十三个五年规划的建议，谋划未来五年中国发展之路。会议尚在进行之中，请关注全会发布的信息。

《台声》杂志记者：近日"大众创业、万众创新"活动周正进行，这是一个很好的平台，尤其对青年一代。

请问，围绕两岸青年交流，服务台商就业创业的过程中，有什么相关政策呢？

安峰山：我们历来高度重视两岸青年交流，并为推动和扩大两岸青年交流与合作积极创造条件，搭建平台，为广大的台湾青年到大陆就学、就业、创业、发展提供空间，为他们参与到大陆"大众创业、万众创新"的大潮中实现自己的人生梦想创造良好的条件。为此，我们也打造了一批两岸青年乐于参加和有广泛影响的交流品牌，包括刚才我提到的 12 个两岸青年创业基地。下一步，我们还会不断地优化环境，改善条件，着力为两岸青年在就业创业方面提供空间，继续为两岸青年的交流合作和就业创业提供支持和帮助。

台湾"中央社"记者：之前张志军主任和夏立言主委见面的时候，夏立言主委曾经当面邀请张主任在明年能够访问台湾，后来夏主委说要看明年台湾的情况，特别是明年的民意和新当选领导人的看法，请问发言人对这点有什么评论？

安峰山：两岸事务主管部门负责人在广州会面的时候，夏立言主委曾经邀请张志军主任再次到台湾参访。张主任对此表示感谢，并表示愿意在适当的时候予以考虑。目前双方没有就此进一步联系。刚才我讲过，双方两岸事务主管部门建立的常态化联系沟通机制包括负责人互访，是建立在"九二共识"的基础之上的，希望两岸双方能够共同维护这一基础。

台湾《中国时报》记者：北京方面是否有规划和蔡英文阵营之间建立起联系管道，以利于双方的讯息交换传递。

安峰山：我们对民进党的政策是明确的、一贯的。2008年以来，两岸关系之所以能够取得和平发展的良好局面和一系列重要成果，关键在于双方均坚持"九二共识"、反对"台独"的共同政治基础，而这一基础的核心在于认同大陆和台湾同属一个中国，两岸不是国与国的关系。只要认同这一点，台湾任何政党和团体同大陆打交道都不存在障碍。

《团结报》、团结网记者：第二届两岸四地设计类大奖"华灿奖"下个月将在福建平潭颁奖，请发言人介绍相关的情况。

安峰山：据了解，民革中央、中国高等教育学会等单位将于11月3日在福建平潭综合实验区两岸青年创业园，举办第二届"华灿奖"颁奖仪式暨第六届两岸青年创新创业论坛。自2010年起，民革中央发起并连续成功举办了五届"两岸青年创新创业论坛"，在两岸取得良好反响。本届论坛以"互·融"（鼓励和促进两岸学生、青年设计师交流，协同设计，共创未来）为主题，邀请两岸有关方面嘉宾、文创人员、企业知名人士、青年设计师以及高校学生约 500 人参加。论坛上将进行"华灿奖"颁奖仪式。"华灿奖"是一项旨在发现、推介海峡两岸暨香港、澳门青年设计师的综合设计赛事。我们预祝本届论坛取得圆满成功。

安峰山：今天的发布会到此结束，谢谢大家光临，我们下次再会。

[发布时间] 2015 年 11 月 25 日
[发 布 人] 安峰山
[发布地点] 国务院台湾事务办公室新闻发布厅

国务院台湾事务办公室
新闻发布会

2015 年 11 月 25 日

11 月 25 日上午 10 时，国台办在新闻发布厅举行例行新闻发布会。发言人安峰山就近期两岸关系热点问题回答了记者提问。

新华社记者：不久前，两岸领导人实现了 66 年来的首次会面，并且达成了积极共识，请问发言人这些共识对于推动两岸关系发展有哪些作用？

安峰山：两岸领导人会面翻开了两岸关系历史性的一页，开辟了未来两岸关系发展的新空间。会面中，两岸领导人都肯定 2008 年以来两岸关系和平发展取得的重要成果。认为应该继续坚持"九二共识"，巩固共同政治基础，推动两岸关系和平发展，维护台海和平稳定，加强沟通对话，扩大两岸交流，深化彼此合作，实现互利共赢，造福两岸民众，两岸同胞同属中华民族，都是炎黄子孙，应该携手合作，致力于振兴中华，致力于民族复兴。这一重要共识，为两岸同胞指明了两岸关系发展的方向、基础、路径和目标，对两岸关系长远发展意义重大。

安峰山：此次会面所取得的积极成果，为今后两岸各层级的交流互动、各领域的交流合作和两岸关系的稳定健康发展打下了更坚实的基础，拓展了新空间，注入了新动力。这也充分说明，两岸双方在一个中国原则基础上，完全能够通过建立和加强高层沟通，增进互信，明确方向，共同推动两岸关系和平发展，维护台海和平稳定，致力于中华民族伟大复兴。

中央电视台记者：两岸领导人会面达成了积极成果，您能否介绍一下这些积极成果如何在未来的两岸交流当中得到落实？

安峰山：在两岸领导人会面中，针对台湾同胞关切的问题，习近平总书记明确表示，我们愿意首先与台湾同胞分享大陆发展机遇。两岸可以加强宏观政策沟通，发挥好各自优势，拓展经济合作空间，做大共同利益蛋糕，增加两岸同胞的受益面和获得感。对货物贸易协议、两会互设办事机构、台湾同胞参与"一带一路"建设、台湾以适当方式加入亚投行等问题，都表达了我们的积极态度。只要是有利于增进两岸同胞的亲情和福祉的事，只要是有利于推动两岸关系和平发展的事，只要是有利于维护中华民族整体利益的事，两岸双方都应该尽最大努力去做，并把好事办好。

中新社记者：台湾有舆论认为，大陆"红色供应链"崛起对台湾的一些产业形成冲击，请发言人就此谈谈对两岸经济竞合关系的看法。

安峰山：两岸的经济交流合作，是合作大于竞争的。双方优势互补，互利双赢，给两岸同胞带来了实实在在的利益，相信未来发展的空间还十分广阔。不久前，在南京举行的2015两岸企业家紫金山峰会上，与会的两岸企业家一致呼吁，两岸业界要携起手来，为两岸产业合作注入新动能，在互信互利的基础上，持续深化两岸产业交流合作，引领两岸企业朝着共同打造中华民族产业链的方向迈进，以提升中华民族经济在全球的竞争力和影响力。

台湾中天电视台记者：现在国际恐怖活动形势严峻，

之前美国总统奥巴马在谈到联合反恐伙伴时，把台湾纳入。大陆有没有计划和台湾合作反恐？

安峰山：对于国际反恐合作问题，外交部已经多次表明了我们的立场。

安峰山：关于两岸合作反恐，根据《海峡两岸共同打击犯罪及司法互助协议》，两岸警方近年来在合作打击犯罪方面一直在加强沟通，而打击涉恐犯罪，也是属于双方合作的一个范畴。希望双方能够继续共同努力，携手打击包括暴力恐怖在内的各类犯罪活动，保障两岸同胞的生命和财产安全。

中国国际广播电台记者：如果 2016 年民进党在台湾上台执政，请问发言人是否还会有两岸领导人会面？

安峰山：这是一个假设性问题，我不做回应。

安峰山：但是我想强调，坚持"九二共识"、反对"台独"，是两岸关系和平发展的共同政治基础，其核心在于认同大陆和台湾同属一个中国，两岸不是国与国的关系。两岸领导人在新加坡会面，共同对"九二共识"进行确认，进一步夯实了两岸关系和平发展的共同政治基础，有利于维护两岸关系和平发展进程和台海和平稳定。

安峰山："九二共识"经过两岸有关方面明确的授权

认可，也得到两岸民意的广泛支持。我们希望台湾各党派、团体都能正视"九二共识"。无论哪个党派、团体，也无论其过去主张过什么，只要承认"九二共识"的历史事实，认同其核心意涵，我们都愿意同其交往。

福建《海峡导报》记者：近日国民党方面有关人士表示，应尽快通过缩短陆配取得台湾身份证年限以及包括陆生纳入健保等"修法草案"。民进党方面则表示，因为大陆对台湾还有敌意，大陆配偶取得身份证势必要严格，对此发言人有何评价？

安峰山：大陆配偶和在台湾就读的大陆学生在台所遭遇的歧视性待遇，长期得不到解决，其阻力何在，我相信大家都很清楚。民进党无视两岸婚姻家庭的正当权益，给这些家庭的正常生活造成困扰，带来伤痛，伤害了两岸同胞感情，这种做法是不得人心的。

中国台湾网记者：刚才您也介绍到两岸领导人会面时谈及两岸货贸协议的推动，能否请您介绍一下日前在台北举行的两岸货贸协议第十二次业务沟通的情况，这方面下一步有什么工作规划？

安峰山：11月21日至23日，海峡两岸货物贸易协议第十二次业务沟通在台北举行。双方全面回顾和梳理了两岸货物贸易协议商谈进展，就此前尚未达成一致问题进行了深入探讨。经过两岸商谈团队的共同努力，本轮商谈取得积极进展。在文本部分，两岸就原产地规则、海关程序、卫生与植物卫生措施专章及列为附件的原产地规则相关实施程序全部条文达成共识，贸易救济专章部分分歧条款达成一致，大部分产品特定原产地规则达成一致；在市场开放部分，双方进一步明确了货贸协议总体目标、降税安排原则等问题，就正常化问题及具体产品清单深入交换了意见。双方将继续共同努力，力争尽快完成货贸协议商谈。双方并初步商定，于12月中下旬举行两岸货物贸易协议第十三次业务沟通。

福建海峡卫视记者：现在，服贸协议生效仍然在延宕，请问发言人对此有何评论？

安峰山：加强两岸经济交流合作，有利于增进两岸同胞的利益福祉，给两岸同胞带来的好处也是有目共睹的。所以我们希望已签署的协议能尽快生效实施，造福两岸民众。

香港中评社记者：两个问题。第一，据报道，海协会、海基会将于30日在台北举办两岸协议成效与促进会议，想请发言人介绍相关情况。第二，海牙仲裁庭10月29日就南海仲裁案做出初步裁决，台湾方面31日发表声明称，对此仲裁不承认、不接受，请问发言人对此有何评论？两岸未来是否会在南海问题上展开合作？

安峰山：关于第一个问题，两会正在就举行两岸协议执行成果总结会展开准备工作。这次会议将于 11 月 30 日在台北举行，主要是对 7 年多来两岸的各项协议执行情况进行回顾，对相关协议在推进两岸交流合作方面所取得的成果进行系统总结。

安峰山：关于你提到的第二个问题，外交部已经表明了我们的严正立场。南海诸岛及其附近海域是中国的固有领土。维护国家主权和领土完整，维护中华民族的整体利益，是两岸同胞的共同责任。

台湾《联合报》记者：据传，最近台湾有一个年轻歌手卢广仲因为参加"反服贸"而被取消在大陆的演唱，您能否证实这个消息？请问参与"反服贸"是不是就等同于"台独"分子？另外，最近有公众人物常常把别人扣上"台独"分子的帽子，以打击别人，煽动两岸民众的对立情绪，这样的情况不知道发言人有什么评论？

安峰山：您所提到的具体情况，我不了解。我想强调的是，我们支持两岸各领域交流的态度是明确的、积极的，同时我们坚决反对"台独"分裂的立场也是坚定不移的。

福建厦门卫视记者：最近有媒体报道，从 11 月 21

日到明年 2 月 29 日，大陆赴台团队游每日配额将阶段性增加到 8000 人，请发言人证实并介绍具体情况，另外截至目前大陆居民赴台游的总体情况是怎样的？

安峰山：您所提到的大陆游客赴台配额变化，应该是台湾有关方面说的。我们希望大陆游客赴台旅游健康有序发展的环境能够得到维护，大陆游客的权益能够得到重视和保障。至于大陆游客赴台旅游的总体情况，按惯例，到年底我们会对两岸各领域交流合作的情况进行梳理和总结，到时候我们会就相关问题做出回答。

《台声》杂志记者：两岸领导人会面时，习近平总书记表示，要为两岸青年学习、就业、创业、交流提供更多的机遇、创造更好的条件，请问发言人如何落实？目前这方面我们已经做了哪些工作？

安峰山：随着大陆经济快速发展和两岸经济文化交流不断深入，越来越多台湾青年选择来大陆发展，我们对此是欢迎的。大陆许多地方和有关部门多年来出台一系列政策，积极为台湾青年在大陆学习、就业、创业提供支持。如：开展台湾居民在福建等 6 省市事业单位就业试点，陆续向台胞开放医师、律师等 30 余项职业资格考试，增加台湾青年在大陆就业、创业途径等。另外，在大陆高校学习的台湾学生在毕业学年内参加创业培训的，还可比照大陆高校毕业生相关规定，享受相应培训补贴。浙江、福建、广东等地专门出台鼓励台湾青年实习、就业、创业的政策。今年以来，一些地方相继举办以两岸青年合作发展为主题的座谈会、论坛，探讨合作。先后设立13家形式多样的海峡两岸青年创业基地。

安峰山： 下一步，我们将继续完善相关政策措施，支持各地实事求是地根据自身的产业特点和优势，搭建两岸青年创业合作平台，为台湾青年到大陆发展创造更好条件。

深圳卫视记者： 请问两岸就台湾加入亚投行问题有无实质性的推动？

安峰山： 台湾加入亚投行的问题，在日前两岸领导人会面的时候，习近平总书记明确表示，我们愿意首先与台湾同胞分享大陆发展的机遇，欢迎台湾同胞参与"一带一路"建设，也欢迎台湾以适当的方式加入亚投行。相信有关问题会得到妥善处理。

台湾三立电视台记者： 针对"习马会"，英国《经济学人》周刊有一篇专栏文章指出，这是大陆方面对于主权问题的让步，马英九在前两天也投书《今日美国报》，提出相应的看法，请问发言人对此有何评论？

安峰山： 你提到的那篇文章，我没听说过。我想强调的是，两岸领导人的会面是两岸关系发展史上一个具有里程碑意义的大事。双方以相互尊重和建设性的态度，围绕推进两岸关系和平发展、共同致力于民族复兴这样的主题坦诚交换意见，达成积极共识，翻开了两岸关系历史性的一页。在两岸领导人会面的时候，双方就有关问题交换了意见，习总书记也表明了大陆方面的一贯立场、态度和主张。习总书记指出，"九二共识"之所以重要，就在于它体现了一个中国原则，清晰界定了两岸关系的根本性质，它表明大陆和台湾同属一个中国，两岸关系不是国与国的关系，也不是"一中一台"。虽然两岸迄今尚未统一，但中国的主权和领土完整从未分裂。两岸同属一个国家，两岸同胞同属中华民族，这一历史事实和法理基础从未改变，也不可能改变。

台湾中天电视台记者：前几天东森电视台卖给一个外商，后来传出这个外商有陆资部分，国台办对此有何评论？

安峰山：我不了解你所说的情况，所以无法评论。

《团结报》、团结网记者：前不久的两岸领导人会晤中，习总书记提出两岸要共享史料、共写史书，请问大陆方面进一步会有什么举措？对于两岸关系发展会有哪些意义？

安峰山：由两岸的专家学者来共享抗战相关资料，共同研究抗战历史，在这方面加强合作，有利于我们牢记历史教训，维护抗战成果，发扬抗战精神，共同谋求两岸关系和平发展和中华民族伟大复兴。我们会按照习总书记的讲话精神来加以推动。

安峰山：感谢各位参加今天的发布会，谢谢大家，我们下次再见。

［发布时间］2015 年 12 月 16 日
［发 布 人］马晓光
［发布地点］国务院台湾事务办公室新闻发布厅

国务院台湾事务办公室
新闻发布会

2015 年 12 月 16 日

    12 月 16 日上午 10 时，国台办在新闻发布厅举行例行新闻发布会。发言人马晓光首先发布扩大开放台湾居民在大陆申请设立个体工商户的政策措施，然后就近期两岸热点问题回答了记者提问。

    马晓光： 各位记者朋友，大家上午好！今天发布会由我来主持。首先向大家发布一项利好的政策措施。

    马晓光： 自 2016 年 1 月 1 日起，大陆有关部门将进一步扩大和放宽台湾居民在大陆申请设立个体工商户的行业领域、地域范围及经营条件。

马晓光：2011 年年底，我们本着首先让台湾同胞分享大陆发展机遇的真诚愿望，首批开放台湾居民在北京、上海等 9 个省市，以及在大陆设立的海峡两岸农业合作试验区和台湾农民创业园，申请设立个体工商户。截至 2015 年 11 月底，台湾居民在大陆已设立 3500 多个个体工商户。目前，这些个体工商户总体经营状况良好，其中有许多已发展壮大。

马晓光：4 年来，随着大陆经济社会不断发展，两岸经济等各领域交流合作持续扩大和深化，广大台湾同胞特别是台湾青年朋友来大陆寻求发展机遇的愿望不断增强。国务院台办、国家工商总局会同有关部门，经过认真调研，决定进一步扩大开放台湾居民在大陆申请设立个体工商户，相关政策文件于昨日（12 月 15 日）正式印发。

马晓光：此次新出台的政策与过去相比，主要有三个特点：一是开放领域，从零售业和餐饮业 2 项，扩大至广告、包装服务、服装及家庭用品批发、文具用品批发等 24 项；二是开放地域，在原有 9 省市基础上新增加 17 个省、自治区、直辖市，达到 26 个；三是经营条件，取消对从业人员不超过 10 人和营业面积不超过 500 平方米的限制。

马晓光：相信这一新出台的政策措施，将为台湾基层民众，特别是台湾青年朋友们提供更多创业机遇和发展空间。

马晓光：下面我接受大家的提问。

新华社记者：在之前举行的两岸领导人会面中，曾经达成共识，双方要建立热线，请问现在有什么进展？

马晓光：在不久前举行的两岸领导人会面中，双方同意设立两岸热线，并且先在双方两岸事务主管部门负责人之间建立起来。设立两岸热线，有助于双方加强交流对话，增进政治互信，通过平等协商、积极探讨，推动解决两岸之间存在的各种难题。同时，有利于管控好双方的矛盾和分歧，及时沟通，避免误判，处理紧急问题。据了解，国台办和陆委会正积极就有关具体事宜，抓紧展开沟通协商，一旦确定，我们会及时向大家发布。

中央电视台记者：据报道，美方即将宣布10亿美元的对台军售案，请问发言人您对此有何评论？

马晓光：外交部昨天已经表明了我们的严正立场。我们坚决反对任何国家以任何形式或借口向台湾出售武器、武器装备或技术，这一立场是一贯的、明确的，也是坚定的。各方应该充分认识到，坚持"九二共识"、反对"台独"，推进两岸关系和平发展是台海和平稳定的根本保障。同时，我们也希望台湾方面珍惜两岸关系和平发展得来不易的良好局面，多做有利于两岸关系改善和发展的事情。

福建《海峡导报》记者：据报道，台湾晶圆制造龙头企业台积电计划在大陆投资设厂，引发了关注，请问大陆对此持何态度？

马晓光：随着大陆经济发展，人民生活水平不断提高，大陆已经成为全球最大、增长最快的集成电路市场。2013 年和 2014 年，每年进口额均超过 2000 亿美元。三星、英特尔等一批国际知名企业已经在大陆投资设厂，充分说明大陆集成电路产业具有巨大的发展潜力和市场空间。对于台湾集成电路企业来大陆投资，我们当然也秉持积极欢迎的态度，希望台湾企业分享大陆发展机遇，实现互利双赢。

中央电视台《海峡两岸》记者：据报道，台湾旅游界希望进一步增加大陆赴台个人游试点城市，台湾主管部门表示，明年选举后视情就此展开两岸协商，请问大陆方面对此持何态度？

马晓光：大陆居民赴台个人游自 2011 年 6 月份启动以来，已经有北京、上海等 47 个城市开放了这项业务，截至 2015 年 9 月，累计达到了 291.78 万人次，保持了较快的发展态势，促进了两岸民众的交流往来，受到普遍欢迎。我们希望赴台个人游健康有序发展。下一步将根据两岸关系形势和两岸旅游市场需求等情况，视情处理有关事宜。

福建海峡卫视记者：第一个问题是，近日民进党内有人再度主张"冻独"，请问发言人，民进党如果"冻独"，蔡英文"维持现状"是否就不再只是一句空话？第二个问题，世界互联网大会今天开幕，台湾的郭台铭等应邀与会。请问发言人，两岸未来在互联网方面有哪些合作发展的空间？谢谢。

马晓光：第一个问题，"台独"没有出路，也不得人心。对于民进党人士任何朝着放弃"台独"党纲方向的言行，我们都持正面态度。第二个问题，就在此刻，在浙江乌镇正举行第二届世界互联网大会。作为大会的一个重要组成部分，今天下午将举办首届海峡两岸暨香港、澳门互联网发展论坛。来自海峡两岸暨香港、澳门的400多名资深媒体人、专家学者和商界人士将一起探讨电子商务的发展与合作、媒体的融合和转型等议题。我们希望两岸能够携手做大做强电子商务，希望两岸媒体能够积极引领新媒体的发展趋势，在增进两岸同胞沟通了解、融洽两岸同胞感情方面继续发挥积极作用，善尽社会责任。同时，我们也希望两岸的文化界和传媒界能够携手打造具有中华文化特色的新型媒体产业，共同弘扬中华文化，共同应对全球竞争与挑战。

台湾三立电视台记者： 台积电确定在南京设厂，据说大陆方面提供了一些优惠，可不可以具体说明优惠的措施有哪些？第二个问题，今天有媒体报道说，洪秀柱未来几天有可能访问北京，并且与习总书记会面，刚刚洪秀柱已经否认了这项传言，不知道国台办对这项传言有什么回应？

马晓光： 第一个问题，包括台资在内的境外企业到大陆投资，越来越看重的是大陆的市场机遇。我们对企业投资的相关政策是开放的，也是公开的。有关部门和地方会依法做好相关服务工作。第二个问题，据我了解，中国国民党前副主席洪秀柱女士应海峡两岸婚姻家庭协会的邀请，将于近日来大陆参加该协会举办的活动，并出席昆山妈祖绕境等活动。我们不介入台湾选举的立场和态度是一贯的。

福建厦门卫视记者： 据悉，福建黄岐至马祖将开通"小三通"航线，请发言人介绍相关情况。

马晓光： 福建黄岐和马祖一水之隔，两地民间往来十分密切，马祖民众对开通往返黄岐海上客运航线一直有着迫切的需求。经过两岸有关方面的共同努力，黄岐—马祖航线将于近期开通，以便利福州周边与马祖的人员往来。谢谢。

中国国际广播电台记者：台湾 2015 代表字票选结果日前公布，"换"字成为今年的年度汉字，请问发言人对此有何看法？

马晓光：我们注意到，这是一项由《联合报》举办的、对于台湾岛内事务的年度汉字评选。当然，对于台湾内部事务，我们不予评论。我们要强调的是，两岸关系和平发展的局面不能换，两岸关系和平发展的共同政治基础不能换，两岸互利双赢的共同追求不能换，两岸同胞携手实现中华民族伟大复兴的宏伟目标也不能换。

福建东南卫视记者：第一个问题是，马英九一行人原计划 12 月 12 日前往太平岛进行视察，但是后来改由其他人前往，请问发言人对此有什么评论？第二个问题，据台湾媒体报道，将大陆在台就读学生纳入台湾健保以及缩短大陆配偶取得身份证年限的提案，受到绿营的阻挠，对此发言人有什么样的评价？

马晓光：第一个问题，南海诸岛及其附近海域是中国的固有领土。维护国家主权和领土完整，维护中华民族的整体利益，是两岸同胞的共同责任。我们的这一态度和立场是十分明确的。第二个问题，大陆配偶和赴台就读的陆生在台湾长期受到不公正的歧视待遇，经过多年呼吁，台湾有识之士和台湾有关部门已经予以重视，开始着手解决。但是大家也看到，民进党、"台联党"，还有一些"台独"势力，他们出于一党之私，极尽阻挠破坏和干扰，使得这个问题很长时间难以得到解决。总不能一方面标榜民主、人权，另一方面剥夺同胞应有的权益，这样一种标榜是自我矛盾的。所以，民进党下一步怎么做，两岸同胞都会拭目以待。

《中国日报》记者：本周厦门港率先实现了台车入闽的常态化，请问主要考虑是什么？目前有无实现闽车入台或者两岸车辆互到对方其他地区的计划和时间表？

马晓光：因为闽台两地无论从历史还是现实来看，都有着非常密切的关系，所以鼓励和支持两地加强交流，是我们既定的政策。现在台车入闽已经部分实现，下一步福建的车辆何时能够去到台湾，还要看台湾方面的政策。

香港《大公报》、大公网记者：之前有台湾媒体报道称，两岸在10月进行了所谓的首次"换谍"，而台湾方面释放的李志豪是香港人，请发言人予以证实。谢谢。

马晓光：关于对从事间谍活动人员实施假释的事情，

11 月 30 日，我办发言人已经说明了相关情况。对李志豪的假释是台湾有关方面处理的，相关情况我不掌握。

台湾《旺报》记者：第一个问题，今天下午国台办张志军主任将与金门县长陈福海会面，请问两个人会关注哪些议题？有媒体评价说，这次会面是为了挽救金门的选情，请问发言人对此如何评价？第二个问题，大陆紫光集团最近宣布要入股台湾几大封测厂，引发争议和反对，发言人对此有何评价？

马晓光：第一个问题，据了解，金门县长陈福海将于 12 月 15 日至 18 日来北京出席台湾县市经贸交流系列活动。期间，张志军主任将会见陈福海县长一行，就有关金门民生议题交换意见。我们不介入台湾选举，这个立场是一贯的，众所周知。

马晓光：第二个问题，有关紫光计划投资入股台湾半导体封测厂的事情，只是一个单纯的企业行为，不应该泛政治化。两岸企业遵循市场规律开展自主合作，有利于实现互利双赢。我还想强调指出的是，20 年来的发展实践证明，两岸经济合作是优势互补、互惠互利的，不是一方吃掉另一方，也不是一方买下和控制另一方。两岸经济合作对大陆企业发展带来的好处是显而易见的，对台湾带来的好处也是历历可数的。比如台湾获取的巨额贸易顺差，台湾 GDP 维持一定的增长规模，台湾企业和产业的转型升级，大陆都发挥了最重要的经济腹地的作用。两岸经济合作发展的趋势是挡不住的，也是不以人的意志为转移的。我们希望台湾社会能够公正地、客观地、理性地回归经济面本身，看待包括两岸产业合作、两岸相互投资等在内的两岸经济合作。这样才会真正有利于台湾产业的发展，有利于台湾经济的发展，有利于台湾民众的福祉。实践是检验真理的唯一标准，就让时间来评判这一切。

马晓光：今天的发布会到此结束，谢谢大家的光临。

[发布时间] 2015 年 12 月 30 日
[发 布 人] 马晓光
[发布地点] 国务院台湾事务办公室新闻发布厅

国务院台湾事务办公室
新闻发布会

2015 年 12 月 30 日

12 月 30 日上午 10 时，国台办在新闻发布厅举行例行新闻发布会。发言人马晓光首先发布两岸热线今天正式启用的相关情况，然后就近期两岸热点问题回答了记者提问。

马晓光：各位媒体朋友，大家上午好。发布会现在开始。首先我向大家发布一条重要消息。

马晓光：设立两岸热线是 11 月 7 日两岸领导人在新加坡会面时达成的重要共识。会面结束以来，国台办与陆委会就设立热线相关安排保持密切沟通，今天正式启用。就在刚才，国台办主任张志军与陆委会主委夏立言首次通过两岸热线进行通话。双方肯定过去一年在坚持"九二共识"的政治基础上，两部门保持沟通，良性互动，推动两岸关系和平发展取得积极成果，特别是近段时间认真落实两岸领导人会面达成的重要共识，成果持续显现。我们希望未来两部门在"九二共识"的共同政治基础上，努力维护和推动两岸关系和平发展，为两岸民众多办好事、多谋福祉。张志军主任与夏立言主委还互致了新年问候。

马晓光：下面我接受大家的提问。

新华社记者：民进党主席蔡英文日前在政见会以及辩论会等场合就"九二共识"提出了一些说法，请问发言人对此做何评论？

马晓光：1992 年，海协会与台湾海基会受权就在两岸事务性商谈中表述坚持一个中国原则事宜进行协商。经过当年 10 月香港会谈及其后一系列函电往来，达成了各自以口头方式表述"海峡两岸均坚持一个中国原则"的共识，后来被概括为"九二共识"。其核心意涵是大陆和台湾同属一个中国，两岸不是国与国关系，从而明确界定了两岸关系的根本性质。"九二共识"的达成经过两岸双方授权，无论是会谈过程，还是共识内涵，都十分清楚，有完整的历史记录，是不容置疑的。

马晓光："九二共识"不仅是两岸协商谈判的共同政治基础，2008年以来，更成为两岸关系和平发展的共同政治基础。正是因为有了这个基础，两岸关系和平发展才能取得一系列重要成果，台海地区才能保持祥和稳定，两岸民众才能共享和平红利。正是因为有了这个基础，两岸关系才能不断改善和发展，为两岸同胞带来实实在在的利益。当前，维护两岸关系和平发展，关键是要承认"九二共识"的历史事实，认同其核心意涵。若失去"九二共识"这个政治基础作为"定海神针"，两岸制度化联系沟通机制必然会受影响，甚至坍塌，两岸关系和平发展之舟就会遭遇惊涛骇浪，甚至彻底倾覆。

中央电视台《海峡两岸》记者：两岸有关方面最近公布，将扩大大陆学生赴台就读"专升本"的试点省份和规模，请发言人介绍相关情况。

马晓光：为落实两岸领导人会面成果，促进两岸教育交流，大陆有关方面决定采取积极措施，自2016年起，进一步扩大开放陆生赴台就读"专升本"。一是将新增北京、上海、江苏、浙江、辽宁和湖北6个省市为试点省份，加上已于2013年确定试点的广东省和福建省，至此试点省份已达到8个。二是招生名额将由目前的

1000 名增加至 1500 名。为做好实施工作，两岸有关方面日前进行了会商，双方负责陆生赴台事务的窗口单位目前正就有关具体细节进行沟通和对接，确保将好事办好。

马晓光：多年来，在两岸关系和平发展的新形势下，两岸教育交流合作取得了积极成果，希望台湾方面切实改善两岸教育交流的环境，维护陆生在台的正当权益。双方共同努力，推动陆生赴台健康有序发展，为两岸青年学生交流合作创造良好的环境。

香港中评社记者：第一个问题，蔡英文过去一直否认"九二共识"，但这次提到了回归 1992 年两岸会谈的历史事实，并谈到两岸相互谅解、求同存异，请问对此有何评论？第二个问题，许信良最近在接受访问时提到，如果"九二共识"符合"中华民国宪政体制"的话，就不必强调"九二共识"，请问对此有何评价？

马晓光：关于"九二共识"的相关问题，我刚才已经做了全面、明确的阐述和回答。1992 年，两会之间不仅有会谈的过程，达成的共识以及共识的内涵也是清楚无误的。"九二共识"是不容置疑的。

中国国际广播电台记者：对于台湾有人一面在大陆投资赚钱，一面却资助"台独"的活动，请问大陆方面持何种态度？

马晓光：我们支持和鼓励两岸各领域交流合作，实现互利双赢。但是，我们绝不允许少数人一面在大陆赚钱，另一面却支持"台独"分裂活动，破坏两岸关系。

福建海峡卫视记者：近日，两岸学者、专家联合发布推荐习近平、马英九为2016年"诺贝尔和平奖"候选人的倡议书，请问发言人对此有何评论？

马晓光：这是一种民间自发行为。说明两岸领导人的会面成果及其意义深得民心，广受欢迎，也说明2008年以来两岸关系和平发展的局面受到两岸民众的高度肯定。至于假设性的问题，我们不做回应。

福建厦门卫视记者：在两岸媒体合办的2015海峡两岸汉字节上，"和"字当选为2015海峡两岸的年度汉字，请问发言人对此有何评论？

马晓光：2008年以来，两岸双方在坚持"九二共识"、反对"台独"的共同政治基础上，推动两岸关系走上和平发展道路，并取得丰硕成果，得到两岸同胞广泛支持，因为这条道路契合了两岸同胞求和平、求稳定、求发展的共同心声，符合两岸同胞共同利益。当前，两岸关系处于重要节点。"和"字真切反映了两岸民众对8年来两岸关系和平发展成果的珍惜，对未来两岸关系和平发展的由衷期盼。希望两岸同胞共同努力，维护好两岸关系和平发展的政治基础和正确方向，维护好两岸关系和平发展的局面。

中央人民广播电台记者：日前举行的中央经济工作会议提出要帮助企业降低成本，包括降低社会保险费，请问这是否适用于台资企业？

马晓光：我们高度重视台资企业降低经营成本、改善营商环境等其涉及切身利益的问题。中央经济工作会议明确提出，2016 年经济工作的重要措施之一，就是帮助企业降低成本，其中一项内容即降低社会保险费，研究精简归并"五险一金"。这对广大台资企业是一项重大利好。国台办将按照相关部署，会同有关部门做好涉及台资企业"五险一金"的有关工作。

福建《海峡导报》记者：马英九日前表示，他卸任后不排除访问大陆。请问大陆方面对这个事情有什么回应？

马晓光：我们支持两岸各层次、各领域的交流往来。

台湾《旺报》记者：亚投行在 12 月 25 日成立，目前关于台湾加入亚投行一事有没有更具体的规划和安排？另外一个问题，日本和韩国 28 日在"慰安妇"的问题上达成协议。马英九昨天也要求日本要就此对台湾道歉、赔偿。在"慰安妇"的历史问题上，您认为两岸有没有分进合击的可能?

马晓光:第一个问题,我们已经多次表明,欢迎台湾以适当方式加入亚投行,这个态度没有改变。

马晓光:第二个问题,外交部已经就此表明我们的立场。二战期间,日本军国主义在中国各地强征"慰安妇",犯下严重的反人类罪行。我们敦促日本切实负起责任,尊重受害者关切,妥善处理有关问题。

福建东南卫视记者:台湾有人提出修改历史课纲,要把"被强迫成为慰安妇"中的"被强迫"一词删除,请问发言人对此有什么看法?

马晓光:任何历史课纲都应该尊重历史事实,不应该出于一党之私或某种政治目的而加以扭曲。

马晓光:2015 年马上就要过去了,2016 年即将向我们走来。在新的一年即将来临的时候,我代表国台办新闻局向各位媒体朋友致以新春的问候,祝愿大家在 2016 年身体健康,工作顺利,阖家吉祥,万事如意!

马晓光:发布会到此结束,谢谢。